# 지혜의 쓸모

초역
발타사르 그라시안의 마지막 인생 수업

아직 보지 못한 것을 보아라.

아직 느끼지 못한 것을 느껴라.


눈을 열어 의미를 발견하고,

가슴을 열어 세상과 호흡하라.


눈과 가슴은 쉽게 열리지 않지만

한 번 열리면 쉽게 닫히지 않으니,

그때 삶은 새로운 차원으로 들어선다.


이 책을 펼치는 목적이 그것이다.

# 지혜의 쓸모
## : 초역 발타사르 그라시안의 마지막 인생 수업

2025년 1월 24일 1판 1쇄 펴냄

| | |
|---|---|
| 지은이 | 발타사르 그라시안 |
| 편역 | 송병선 |
| 펴낸이 | 김경섭 |
| 펴낸곳 | 도서출판 삼인 |
| 전화 | (02) 322-1845 |
| 팩스 | (02) 322-1846 |
| 이메일 | saminbooks@naver.com |
| 등록 | 1996년 9월 16일 제25100-2012-000045호 |
| 주소 | (03716) 서울시 서대문구 성산로 312 북산빌딩 1층 |

| | |
|---|---|
| 편집 | 이양훈 |
| 디자인 | 이인선 |
| 제작 | 수이북스 |

ISBN 978-89-6436-273-0 03160

# 지혜의 쓸모

초역

발타사르 그라시안의 마지막 인생 수업

삼인

**일러두기**

• 이 책의 원고는 발타사르 그라시안이 펴낸 저작들에서 발췌하여 번역한 것입니다.

• 현대의 상황에 어울리지 않거나 이해하기 어려운 단어들은 번역 과정에서 현대 독자
  들의 눈높이에 맞게 수정하였습니다.

**발타사르 그라시안**

(Baltasar Gracián y Morales, 1601~1658)

**CONTENTS**

CHAPTER 1

# 때로는 길을 잃어야 새로운 풍경을 만난다

: 의외성으로 가득한 삶을 슬기롭게 건너는 방법

CHAPTER 2

# 지혜를 흉내 내라, 지혜로워지리라

## : 품위 있고 현명하게 각박한 현실을 이겨내는 삶의 태도

CHAPTER 3

# 관계가 풀려야 인생이 잘 풀린다

## : 나를 중심에 놓는 관계 맺기의 지혜

## CHAPTER 4

# 삶이 깊어지면 다시 공부가 시작된다
### : 어떻게 현재의 한계를 깨고 나라는 존재를 확장할 것인가?

CHAPTER 5

# 세상의 일들과 적당한 거리를 두어라

: 고단한 주인공보다는 평온한 조연으로 살아가는 지혜

··

# CHAPTER 1

때로는
길을 잃어야
새로운 풍경을
만난다

의외성으로 가득한 삶을
슬기롭게 건너는 방법

살아가면서 무언가를 이루어야만 인생에 의미가 있다고 믿는 사람들에게

시골 농부의 하루하루는 밋밋하기 짝이 없어 보일지도 모른다. 평생 거의

같은 일상을 되풀이하는 수도원 수사들의 삶 역시 그들에게는 정체된 시

간처럼 여겨질 것이다. 하지만 일말의 변화도 없을 것 같은 이 시간 속에

도 매일 새로운 것이 꿈틀거린다. 농부와 수사는 세상이 펼쳐 보이는 그

미세한 움직임을 감지하며 매일 다른 삶을 살아간다. 어느 누구도 어제와

같은 오늘을 반복하지는 않는다.

01

# 계획대로만 살면
# 인생이 계획의 틀에 갇힌다

　살아보지 않은 시간을 미리 예측하고 경험하는 가장 좋은 방법은 계획을 세워서 정확히 그 계획대로 움직이는 것이다. 무엇을 할지, 무엇을 입을지, 무엇을 먹을지, 어느 때 자고 일어날지, 누구를 만날지, 일을 얼마만큼 할지 일목요연하게 계획한 뒤 한 치의 어긋남 없이 일정대로 움직인다면, 그는 미래를 사는 것이나 마찬가지다. 왜냐하면 계획대로 행한 그의 행위 하나하나가 목표라는 집을 짓는 벽돌이기에 그는 목표라는 결과물이 나타날 내일을 미리 내다본 셈이기 때문이다.

어떤 사람은 계획을 세우기만 할 뿐 전혀 실행하지 않는다. 일주일 내지는 한 달 동안의 할 일과 약속을 몇 시간을 들여 오늘 계획하고는 사흘째에 곧바로 새로운 계획을 세운다. 그 이틀 동안에 계획한 대로 움직이지 않았기 때문이다.

계획을 세우는 동안에는, 계획한 대로 행했을 때 찾아올 찬란한 미래가 눈앞에 있는 것만 같아서 희열에 휩싸인다. 또 계획을 세우는 동안에는, 내가 지금 무언가를 하고 있다는 안도감이 찾아와서 그때만큼은 불안에 떨지 않아도 된다. 허상이 주는 이러한 만족으로 인해 '계획 중독'에 빠져든다. 그들이 계획한 대로 실행했다면 솔로몬의 성을 재건하고도 남았을 것이다.

때로는 길을 잃어야 새로운 풍경을 만난다

자신과의 약속을 지키고 계획을 실행하는 사람은 경이롭다. 그는 인내와 절제, 자기 통제라는 뛰어난 미덕을 갖춘 사람임이 분명하다. 대체로 계획을 잘 이행하는 사람은 자신의 분수와 능력에 맞는 목표를 세우고, 자신이 할 수 있는 범위 안에서 계획을 수립하기 때문에 그것을 실현할 가능성이 매우 높다. 아득히 먼 훗날에 이루어질지 어떨지 모를 허황된 꿈을 품은 채 당장 무엇을 해야 할지 모르는 사람과는 다르다.

하지만 계획을 실행하는 데 탁월한 사람들, 일정 하나하나를 꼼꼼하게 계획하고 자로 잰 듯 거기에 따라 살아가는 사람들이 한 가지 놓치는 점이 있다. 삶의 의외성이라는 것이다.

계획대로만 살아가면 인생의 많은 부분이 계획에 갇히게 된다. 사실 인생 계획이라는 것은 내가 좌우할 수 있는 범위 안에 내 삶을 가두어놓는 행위이기도 하다. 모든 것이 내가 구상한 대로 이루어져야 하고, 나의 시간과 인연과 성과가 내 손아귀 안에 있어야 한다는 생각은 운명을 내 뜻대로 조종할 수 있다는 교만에서 비롯된다. 바꾸어 말하면 내 운명을 지배하기 위해 삶을 계획이라는 틀 속에 구속한 것인지도 모른다.

이동하는 시간을 단축하기 위해 가장 빠른 길을 찾아내서 매일 그 길만 오가는 사람의 삶은 많은 시간이 그 길에 갇혀 있는 셈이다. 때로는 일부러 멀리 돌아가기도 하면서 눈앞에 펼쳐지는 풍경을 달리하고, 오가며 부딪치는 사람의 면면을 새롭게 할 필요가 있다. 또 때로는 뜻하지 않게 길을 잃을 필요도 있다. 혹시 아는가? 그렇게 헤매던 골목의 끝에서 지금껏 본 적 없는 화사하고 아름다운 꽃을 발견하는 행운을 누릴지.

삶은 순간순간 닥쳐오는 갖가지 우연으로 새로움을 선

때로는 길을 잃어야 새로운 풍경을 만난다

사한다. 인생은 결코 계획대로 되지 않는다. 그래서 내일
이 기다려지고 설레는 마음으로 하루를 시작할 수 있는
것이다. 계획한 대로만 움직이며 삶의 의외성을 차단한
다면, 빈틈과 여백 곳곳에 숨겨진 보물을 놓치고 사는 것
과 마찬가지다. 목표를 정하고 계획을 수립하여 매진하다
가도 어느 때에는 그냥 흘러가는 대로 내버려두라. 그러
면 세상은 전혀 뜻하지도, 기대하지도 않았던 풍광을 펼
쳐 보여줄 것이다.

# 사람들은 누군가의 실수를 기억하는 것이 아니라, 실수한 뒤의 행동을 기억한다

누구나 실수를 한다. 세상에 완벽한 사람은 없기에 평소 자신의 언행을 치밀하게 단속하는 이도 부지불식간에 실수하기 마련이다.

이름을 드날릴 만큼 뛰어난 업적을 쌓고, 누구나 찬사할 선행을 베풀었다 해도 실수에 잘못 대처하면 그 모든 명성을 잃게 된다. 세상 사람들은 어떤 이가 저지른 실수에 대해서는 오래 기억하지 않지만, 실수를 저질렀을 때 어떻게 행동했는가에 관해서는 쉽게 잊지 않는다.

실수를 인정하라. 흔히들 매우 중대한 일에 부주의했을 때 "생각지 못했습니다." 혹은 "누가 그런 일이 일어날지 알았나요?", "잘 모르고 그랬습니다."라고 말한다. 이 말은 대단히 무책임할 뿐만 아니라, 자신의 무지를 드러내는 동시에 매사에 신중하지 못한 채 시간을 낭비하고 있음을 인정하는 꼴이다.

실수했거나 잘못했을 때 변명으로 발뺌하면서 빠져나가려는 것처럼 어리석어 보이는 행동도 없다. 그런 식으로 행동하는 사람은 잠깐의 체면을 잃지 않으려고 억지로 당당한 척하지만, 사람들은 바보가 아니기에 그를 측은한 눈길로 바라볼 수밖에 없다. 불필요한 변명이나 발뺌은 불신을 만든다. 실수는 곧 기억에서 지워지지만, 비겁한 행동은 지워지지 않는 얼룩처럼 타인의 기억에 또렷이 새겨진다.

실수했을 때는 깨끗하게 인정하라. 이미 일어난 일을 모른 척한다고 해서 그 일이 사라지는 것은 아니다. 하지만 실수를 솔직하게 받아들인다면 사람들은 오히려 당신의 그런 모습에서 신뢰를 갖게 될 것이다. 그리고 당신이 저지른 실수를 함께 만회하기 위해 몸과 마음을 모을 것이다.

03

# 삶의 시작과 끝은
# 다르지 않다

활짝 핀 꽃의 향기에 너무 들뜨지 말라. 시든 꽃잎을 보며 서러워 말라. 시작과 끝은 다르지 않다. 우리는 아이의 천진한 웃음으로 생을 시작하고, 건강한 청춘으로 삶을 누린다. 완숙한 때에 이르러 과실을 맺으며, 그때 비로소 남은 시간에 감사하게 된다. 이 모든 즐거움은 꽃이 시들거나 해가 져도, 심지어 죽음이 찾아와도 결코 멈추지 않는다.

**호밀밭 [A Rye Field]**
이반 이바노비치 시시킨, 1878
캔버스에 유화, 107×187cm
러시아 모스크바, 트레야코프 미술관

인생을 바라보는 두 가지 방법이 있다.
하나는 그 어느 것도 기적이 아닌 것처럼,
다른 하나는 모든 것이 기적인 것처럼 여기는 것이다.

_ 앨버트 아인슈타인(Albert Einstein)

# 행복은 저절로 오는 것이 아니라, 내가 찾아내는 것이다

행복하기 위해 노력하라. 행복은 결코 거저 오지 않는다. 무언가를 얻기 위해서는 피땀을 흘려야 하듯, 행복 역시 우연의 산물이 아니라 노력의 결과물이다. 아무런 노력도 하지 않은 채 행복이 오기를 기다리는 것은 어리석은 자들이나 하는 짓이다.

행복은 저절로 다가오는 것이 아니라 찾아내는 것이기

에 대담하고 적극적인 사람만이 누릴 수 있다. 행복이 노력의 결과라는 사실은 우리에게 하나의 희망을 준다. 누구나 행복을 내 것으로 만들 수 있다는 점이다.

특별히 운을 타고나야만 누릴 수 있는 것이 아니기에 행복은 공평하다. 지혜롭게 처신하고 노력하는 만큼 행복해지는 법이다.

05

# 상황이 나쁠 때 가장 먼저 할 일은
# 더욱 나쁜 상황을 만들지 않는 것이다

오늘 가장 친한 친구가 내일 적이 될 수도 있음을 명심하라. 최악의 적은 생판 낯모르는 이가 아니라 가장 친근한 얼굴을 가지고 있다. 그러니 우정을 너무 전적으로 믿지 마라. 갈증을 해소한 사람은 우물에 등을 돌리는 법. 이런 모습은 우리가 어떤 상황에서도 속마음을 털어놓으면 안 된다는 것을 가르쳐준다. 그렇게 하는 순간, 심각한 피해를 당할 수 있기 때문이다. 또한 누구에게도 무언가

때로는 길을 잃어야 새로운 풍경을 만난다

를 반드시 해주겠다고 약속하지 말라. 그것은 그 사람의 종이 되는 것이다. 약속과 의무에서 벗어나지 않으면, 결코 행복한 사람이 될 수 없다.

인간은 배신을 일삼는다. 인간사의 많은 비극 가운데 배신이 주는 충격이 가장 큰 이유는 새로운 적을 만듦과 동시에 막역한 동지를 잃기 때문이며, 그와 함께한 모든 시간이 송두리째 부정당하기 때문이다. 하지만 이런 상황이 닥쳤을 때 반드시 해야 할 일이 있다. 우정을 배신한 자가 나중에 싸움을 걸어오는 일이 없도록 하는 것이다.

누군가 나에게 크나큰 상처를 주고 손해를 입혔을 때 분노와 증오에 휩싸여 저주를 퍼붓거나 격한 행동을 하면 상대방의 죄책감을 덜어주게 된다. 아니, 오히려 더욱 큰 앙심을 품고 적반하장으로 나올지도 모른다. 어차피 등을 돌린 사람을 내 편으로 되돌릴 수는 없으니, 그를 욕한다고 상황이 회복되는 것은 아니다. 혹시 그의 배신으로 인해 금전적 피해나 신체적 상해를 입었다면 공권력과 법의 도움을 받되 공공연히 그를 비방하지는 말라.

나쁜 상황이 닥쳤을 때 가장 먼저 해야 할 일은 상황이 거기에서 더 악화되지 않도록 하는 것이다. 격정의 늪에서 허우적거리면 더욱 깊은 수렁으로 빨려들어 아무것도 되돌릴 수 없는 처지에 처한다. 분풀이하는 것은 최악으로 치닫는 행위이니, 의연하게 대처하고 반드시 자제하라. 그리고 나머지는 시간에 맡겨라. 당신이 옳게 행동했다면, 시간이 많은 것을 해결해줄 것이다.

때로는 길을 잃어야 새로운 풍경을 만난다

06

# 창의성을 발휘하고 싶다면 생각을 내버려두라

생각할 때 이성에만 기대지 말라. 논리에만 치중하다 보면 생각이 논리에 종속되어 한계를 갖게 된다. 그러니 때로는 충동에 맡기고 생각이 저절로 흘러나오기를 기다려라. 그렇게 산발적으로 떠오른 여러 생각을 정리하고 섬세하게 다듬어라. 창의성은 그런 식으로 발휘된다.

07

# 중요한 것은 속도가 아니라
# 방향이다

순례에 나선 이들 가운데 어떤 사람은 목적지에 서둘러 도착하고픈 마음이 앞선 나머지 전혀 엉뚱한 곳에 도달하고는 한다. 길을 알려주는 이정표를 지나친 탓이다.

우리의 삶도 이와 비슷하다. 남보다 먼저 많은 것을 이루려는 사람은 앞질러 달려가지만, 때때로 전혀 의도하지 않은 길로 들어서고는 한다. 속도와 경쟁에 몸을 맡겨버린 탓에 살아가는 동안 중요한 순간에 나타나는 삶의 이

정표를 놓치기 때문이다.

중요한 것은 속도가 아니라 방향이다. 올바른 방향으로 가고 있다면 남보다 조금 늦게 도착하거나 계획한 시간 안에 도달하지 못한다 해도 괜찮다. 늦은 만큼 많은 것을 경험한 덕분에 첫 번째 목적지에서 다시 길을 나서서 두 번째 목적지로 향할 때는 조금은 수월해질 테니까.

하지만 서두르다가 길을 잘못 들어선다면, 그래서 처음 계획했던 것들이 저 멀리 있거나 아예 잊힌다면, 그것을 내 삶이라 말할 수 있을까? 그래도 그나마 이런 사람들은 조금 나은 편이다. 아무런 목적지도 없이, 어디로 향할지도 모른 채 살아가는 인생이 부지기수이니 말이다.


무엇이 될지, 어떻게 살지 방향을 정하라. 그리고 속도는 잊어라. 당신이 옳은 길로 가고 있고, 그래서 언젠가 목적지에 도달한다면, 당신을 늦추게 만든 그 모든 시간들마저 소중하게 여겨질 것이다.

**잼 만들기 [Making Preserves]**
블라디미르 마코프스키, 1876
캔버스에 유화, 34×49.5cm
러시아 모스크바, 트레티야코프 미술관

사람은 나이가 들면서 변해가는 것이 아니라,
점점 더 자기다워지는 것이다.

_ 린 홀(Lynn Hall)

08

# 지금 행하지 않는 것은
# 결코 지혜가 아니다

지혜는 현재의 행위여야 한다.

부르지 않은 노래는 아직 노래가 아니고 읊지 않은 시
는 아직 시가 아니듯, 행하지 않은 지혜는 아직 지혜가
아니다. 지혜를 입에 올리면서도 오늘 행하지 않는 자에
게 지혜란 자신을 치장하는 미사여구일 뿐이다. 말과 행
위가 다른 자의 입에서 나오는 소리는 귀담아 들을 필요

가 없다.


　정의를 부르짖으면서도 정의롭지 않은 자, 공정을 말하면서도 부당하게 이익을 취하는 자, 보편적 선의를 자의적으로 해석하고 제멋대로 적용하여 상황에 끼워 맞추는 이들을 우리는 위선자라고 부른다. 이런 사람들의 혓바닥이 해로운 이유는 대체로 이러한 부류들이 사회적으로 상위층을 형성하고 있기 때문이다. 그리고 이러한 자들이 상위층에 있는 이유는 분별없이 그들을 지지하는 아둔한 자들이 있기 때문이고, 당장 주어질 것만 같은 이익에 취해 진리와 정의를 배신하는 자들이 있기 때문이다.


　스스로 지혜롭다 말하는 자를 멀리하라. 그는 단 한 번도 지혜로웠던 적이 없는 인물일 가능성이 높다. 그러니 그가 하는 말에 주목하지 말고, 그가 지금 어떻게 행동하는지, 어떻게 살아왔는지를 보라.

## 09

# 지금 저지른 작은 실수가
# 내 미래의 발목을 잡을지도 모른다

도덕적으로, 사회적으로 금지하는 일들을 넘보지 말라. 특히 십대에서 이십대로 넘어가는 시기에는 금지된 것들이 많다. 그것들을 참아내려면 크나큰 인내가 필요하다. 하지만 그 시기에 잘못을 저지르면 그 일이 평생의 치욕으로 새겨질 수 있다는 사실을 기억하라. 어린 시절의 실수로 용납되는 것들이 있는 반면 어떤 잘못은 시간이 지나도 용서될 수 없다.

온당한 사람이 되는 것에 합당치 않은 일은 과감하게 버려라. 그렇지 않으면 훗날 당신이 인정받게 되었을 때 치명적인 약점이 될 수도 있다. 아무리 숨기려 해도 결국에는 드러나기 마련이다. 누구보다 당신의 심장이 먼저 그것을 알기에 세상에 당당할 수 없다. 그런 마음으로 살아가는 사람은 결정적 순간에 자신의 어두운 얼굴을 드러내게 된다. 그러니 당신의 얼굴이 세인들의 표적이 될 만한 일은 애초에 가까이하지 마라.

10

# 모든 것을 갖고도
# 아무것도 누리지 못하는 사람

신은 아름다운 꽃들과 무성한 숲, 거대한 산맥과 밝게 빛나는 별을 만들면서 당신을 생각했다. 세상에 풍요와 행복과 기쁨과 평화의 씨를 뿌리며 당신을 떠올렸다. 영원히 지속될 시간과, 그 시간을 의미 있게 만들 희망과 사랑을 꿈꿀 때도 그 모든 것의 한가운데에 당신을 세웠다. 그리고 그 모든 것을 누리라고 당신을 만드셨다.

때로는 길을 잃어야 새로운 풍경을 만난다

그런데도 당신은 매일 결핍을 느끼고 아직 많은 것이
부족하고 모자라다고 생각한다. 모든 것이 당신 몫으로
주어졌으나 당신은 아무것도 갖지 못했다. 탐욕을 곁에
두는 한 당신은 결코 갈증과 허기로부터 자유롭지 못할
것이다.

## 11

# 남이 나에게 하는 거짓보다
# 내가 남에게 하는 거짓이
# 훨씬 더 해롭다

다른 사람이 거짓으로 나를 속인다면 그 한 순간에 손
해를 입는 것으로 끝난다. 하지만 내가 거짓을 말한다면,
내 삶 전체가 망가지게 된다.

아주 사소한 것일지라도 거짓은 거짓을 낳는 법이다.
아니, 오히려 사소한 거짓말을 했을 때는 하는 사람도 굳
이 잘못을 인정하려 하지 않고 듣는 사람도 해명을 요구

때로는 길을 잃어야 새로운 풍경을 만난다

하지 않은 채 넘어가기 때문에 더욱 위험하다. 그런 식으로 그 사소한 거짓은 사실로 굳어버린다.

이제 사실로 굳어버린 그 사소한 거짓으로 인해 새로운 거짓이 생겨나게 된다. 대체로 영리한 아이가 거짓말쟁이가 되기 쉬운 이유는 이야기를 잘 꾸며내기 때문이다. 거짓의 벽돌을 하나 쌓으면 그 거짓을 옹호하기 위한 새로운 거짓의 벽돌을 쌓아야 하기에 점점 거짓의 집이 모양새를 갖추게 된다. 작은 거짓이 큰 거짓으로 자라는 것은 순식간이다. 그때에 사람은 거짓의 계획대로 움직일 수밖에 없다.

어떤 경우라도 거짓말을 하지 말라. 하지만 그건 결코 쉬운 일이 아니어서 우리는 하루를 살아가는 동안에도 숱한 거짓을 만든다. 그렇기에 참회와 반성이 필요하다. 참회와 반성은 내가 행한 잘못을 깨닫는 것이 출발점이다.

스스로 무엇을 잘못했는지 모르는 사람에게는 참회와 반성도 없다.

내가 어떤 거짓을 행했는지 낱낱이 살펴서 알아야 한다. 그래야 거짓에 먹히지 않는다. 거짓을 말할 때는 타인에게만 하는 것이 아니라, 나에게도 하는 것이다. 내가 행한 거짓의 실체를 알아차리지 못한다면 나조차도 그 거짓에 속아 넘어가고 만다. 그러면 결국에는 모든 거짓을 사실로 믿어버리고, 자신의 잘못을 남 탓으로 돌리는 지경에 이르게 된다. 이것이야말로 가장 무서운 일이다.

# 12

# 사람의 인생에는
# 종말이 없다

삶은 곧잘 물에 비유된다.

유년은 자장가처럼 잔잔히 솟아오르는 샘물이며 먼지가 끼지 않은 평화의 시간이다. 십대와 이십대는 자갈에 부딪치고 마구 덤비며 거품을 내뿜는 계곡의 물이다. 삼십대에 접어들면 냇물이 강에 이르러 잔잔해지듯 평정을 찾아야 한다. 강은 깊고 평화로우며 많은 물이 흘러도 조용하다. 사십대는 큰 강이다. 유유히 흐르며 땅을 비옥하게 만들고 주변을 풍요롭게 한다.

그러다 바다에 이르면 더 이상 강이 아니다. 멀리서 보면 바다는 고요하고 잔잔하지만, 쉴 새 없이 일렁이며 때때로 격랑과 소용돌이와 해일을 일으킨다. 노년의 삶이 평온해 보이지만, 사실은 그 안에 품은 것이 많기에 걱정과 고민이 끊이지 않는다. 가지 많은 나무일수록 잔바람에 더 크게 흔들리는 것과 같은 이치다.

하지만 그때 우리에게는 지혜가 함께하리라. 오랜 시간 쌓아온 경험의 깊이가 동반하리라. 정신과 육신이 마모되어 젊음과 미소를 잃을지라도 영혼은 더 큰 자유를 기다리며 충만해진다. 끝끝내 움켜쥔 것을 놓지 못하고 멀어져가는 젊음을 두려워하는 이들은 알지 못하는 내밀한 기쁨과 만족이 찾아온다. 내리쬐는 태양에 바닷물이 증발하여 수증기가 되듯, 그리하여 하늘을 떠돌다가 비로 떨

때로는 길을 잃어야 새로운 풍경을 만난다

어져 대지를 적시듯, 성숙한 삶은 후대가 살아가는 거름
이 된다.


　모든 것을 내려놓고 빈손으로 떠나는 사람은 아름답다.
그리하여 그는 불멸의 존재가 된다.

**작은 거리 [The Little Street]**
요하네스 베르메르, 1660
캔버스에 유화, 54.3×44cm
네덜란드 암스테르담, 라익스 박물관

행복은 종종 열어둔 줄도 몰랐던 문을 통해서 들어온다.

_ 존 배리모어(John Barrymore)

## 13

# 시간이 흐른 뒤에 드러날
# 미래의 내 모습을 상상하라

　다가올 미래를 생각하라. 내일이나 모레, 일주일이나 한 달 뒤를 예상하라는 말이 아니다. 짧게는 수년, 길게는 몇 십 년 뒤를 내다보라는 뜻이다. 어떻게 내일조차 장담할 수 없으면서 긴 세월이 지난 뒤를 생각할 수 있을까?

　이십대인 청년이 이십 년 뒤에 부자가 될 거라고, 사회적 지위가 높은 사람이 될 거라고 꿈꾸는 것은 자유다. 하지만 그 어느 것도 보장할 수는 없다. 사십대인 중년이 삼십 년쯤 뒤에도 여전히 지금과 같은 일을 할 거라고, 건강하게 지낼 수 있을 거라고, 살림이 지금보다는 나아져 있을 거라고 얼마든지 바랄 수는 있다. 그 바람을 이루기 위해 노력하는 것은 자유이지만, 인생은 결코 계획대로만 흘러가지 않기에 우리는 그 어떤 것도 장담할 수 없고, 장담해서도 안 된다.

하지만 우리에게는 분명하게 꿈꿀 수 있는 것이 있고, 이룰 수 있는 것이 있다. 그 나이에 내가 어떤 사람이 되어 있을지는 나의 마음가짐과 행동과 노력에 따라 얼마든지 가능한 일이다.

시간은 누구에게나 공평하다. 하루 24시간이 주어진 것도 공평하지만, 시간이 지난 뒤에 숨겨진 많은 것들이 드러난다는 점에서도 공평하다. 지금 당장 권력과 돈을 얻고 명성을 누린다 해도 그것을 이루기 위해 타인에게 해악을 끼치고 부당하게 행동했다면 시간은 그 추악한 면면을 여지없이 드러내 보인다. 지금 거짓을 부리고 속임수를 써서 무언가를 얻었다면, 시간은 그 모든 것을 빼앗아 제자리로 돌려놓는다. 시간은 교만한 자들을 굴복시키기 위해 흐른다. 시간은 모든 겉치레를 벗겨내고 본질을 보여준다.

또한 시간은 숨겨진 선행을 결국에는 드러내 보인다. 타인에게 베푼 친절은 시간과 함께 쌓이고 쌓여서 우리의 평판을 이룬다. 돈과 권력, 명예는 내 마음대로 할 수 없지만, 올곧은 성품과 인격을 쌓는 일은 얼마든지 내 마음대로 할 수 있다. 세상 어느 누구도 우리의 굳은 의지는 빼앗아갈 수 없기 때문이다.

미래를 생각하라.

미래의 어느 날 나를 기다리고 있을 지혜롭고 선하며 친절한 그를 떠올려라. 내가 그토록 되고자 했던 바로 나 자신이 긴 시간 너머에서 나를 기다리고 있다.

CHAPTER 2

지혜를
흉내 내라,
지혜로워지리라

품위 있고 현명하게
각박한 현실을 이겨내는 삶의 태도

자신의 생각을 의심하지 않는 사람은 지혜에 도달할 수 없다. 어리석은 사람은 스스로 현명하며 똑똑하다고 여기지만, 진정 현명한 사람은 자신의 어리석음을 안다. 하지만 많은 사람이 어리석은 자의 자기 확신에 이끌려 어리석은 무리에 속하고 만다. 지혜는 지위나 학식과는 아무 관련이 없다. 궁정의 귀족이나 대학자가 내린 판단이 반드시 거리를 관리하는 청소부의 선택보다 낫다고 말할 수 없다. 지혜는 오로지 지혜를 꿈꾸는 사람의 몫이다.

14

# 재물의 노예가 되지 않으려면
# 살림을 함부로 키우지 마라

재물이 쌓일 때 나타나는 인간의 행태는 세 가지다.

첫 번째는 재물이 들어와도 아무도 모르게 꽁꽁 숨기는 사람이다. 그들은 행여나 타인이 자신의 재산을 탐하거나 손을 벌릴까 두려운 마음에, 또는 한 푼이라도 허투루 나가지 않도록 단속하기 위해서 마치 재물이 없는 것처럼 행동한다.

두 번째는 가진 것을 과시하며 떵떵거리는 사람이다.

형편이 좋지 않았던 시절에 굴욕을 맛본 사람이나 가난한 처지를 불행하게 여기는 사람은 재물을 내보이며 다른 사람에게 군림하려 한다.

세 번째는 재물이 들어왔을 때나 그렇지 않을 때나 별반 차이가 없이 행동하는 사람이다. 이들은 갑자기 늘어난 재산을 굳이 숨기려 하지도 않고 드러내려 하지도 않는다. 다만 그동안 불편했던 부분이 있다면 재물을 활용하여 조금씩 고쳐나간다.


형편이 나아졌다고 해서 살림을 키우는 것은 매우 위험한 일이다. 집이 커지고 가구가 늘어나면, 그 집을 사고 가구를 들이는 데만 돈을 쓰는 것이 아니다. 작은 집에 살 때는 단 몇 개의 초에 불을 붙여도 온 집 안을 환하게 만들 수 있지만, 저택을 밝히기 위해서는 수십 개의 초를 밝혀야 한다. 겨울에 집을 데울 때도 저택에서는 예전보다 수십 배의 땔감을 태워야 한다. 살림의 부피가 커진다는 것

은 그것을 유지하기 위한 비용도 커진다는 뜻이다. 저택
에 살면서 걸어 다닐 수는 없으니 마차와 말도 준비해야
하고 마부도 고용해야 한다. 상황이 이렇게 되면 아무리
많은 재산이 들어와도 궁핍함에서 벗어날 수 없다.

부자가 되기를 꿈꾸라. 하지만 부자가 되는 것을 두려
워하라. 특히나 가난하거나 보통 수준의 살림을 꾸리다가
갑자기 재물이 들어온다면 그때는 더욱 두려워하라. 저택
의 발코니에 앉아 넓은 정원을 바라보면서도 언젠가 그 모
든 것이 신기루처럼 사라질지 모른다는 불안에 떤다면 무
슨 행복과 만족이 찾아오겠는가. 다시 예전의 그 작은 집
으로 돌아가지 않기 위해 아등바등한다면, 만인 위에 군
림한다 해도 재물의 노예 신세를 벗어나지 못할 것이다.

# 15

# 현명한 사람은
# 꺾이지 않는다

지식은 지혜라는 집을 짓는 벽돌이다. 지식 없이 지혜에 이르기 어렵지만, 지식만으로는 지혜를 완성할 수 없다. 어느 누가 아무렇게나 쌓아놓은 벽돌을 두고 집이라고 부르겠는가? 아는 것만 많은 사람은 남 앞에서 떠벌리기 좋아하나, 지혜로운 사람은 차라리 입을 다문다. 완성된 사람은 굳이 자신을 드러내지 않아도 빛나기 마련이다.

지혜가 돈을 가져다주지 않는다. 지혜가 먹을 것을 얻어주는 것도 아니다. 하지만 지혜는 세상의 여러 문제에 맞닥뜨렸을 때 가장 올바른 판단을 하도록 이끈다. 세상이 무지와 악이라는 어둠에 싸였을 때 한 줄기 빛으로 다가온다. 때때로 고통이 찾아오고 삶이 막막해질 때 나침반이 되어 더 나은 시간으로 우리를 인도한다. 지혜는 커다란 충격에도 부서지지 않고 타오르는 불길 속에서도 재가 되지 않으니, 지혜로운 사람이 쉽게 꺾이지 않는 이유다.

지혜로운 사람은 이렇게 말한다.

"나는 지식이라는 이정표를 따라 지혜의 세계로 향하고 신이 부르는 곳으로 묵묵히 걸어가리라."

이런 마음으로 살아가는 사람에게 두려운 것이 무엇 있겠는가! 진리와 미덕을 깨달은 사람은 흔들리지 않는다.

# 16

# 나 자신의 한계를 알면
# 삶이 분명해진다

자신을 아는 사람이야말로 가장 현명한 사람이다. 옛 사람들은 델포이 신전에 새겨진 황금 문구를 마음에 새겼다.

'너 자신을 알라.'

현자들은 이 문구를 영혼의 나침반으로 여겼다.

이 세상에 존재하는 모든 것이 자기 운명을 알고 순종

한다. 다만 인간만이 자기 운명을 마음대로 할 수 있다고 여기고 모든 것을 손에 넣으려 한다. 하지만 자신을 제대로 알지 못하면서 어떻게 세상을 안다고 자부할 것이며, 심지어 운명을 다스릴 수 있다고 자신할 수 있겠는가.

아는 것을 떠벌리고 가진 것을 내세우는 사람일수록 정작 자기 자신은 내팽개쳐둔 채 타인을 평가하고 굴복시킴으로써 자존감을 높이려 한다. 앞에서 굽실거리던 이들이 돌아서서 손가락질한다는 사실을 자신만 모른 채 운명을 손에 쥔 것처럼 군다. 또 어떤 이들은 자신을 욕하는 목소리가 하늘을 찌른다는 사실을 알면서도 당장 자기 앞에서 고개를 숙이는 사람들을 보며 우쭐해한다.


현명한 사람은 자기 자신을 아는 것에 만족한다. 자신의 한계를 알고, 할 수 있는 것과 할 수 없는 것 앞에서 분명하게 행동한다. 자신을 잘 아는 사람만이 자기를 뛰어넘어 최고의 존재로 거듭나며 큰 행복을 누린다.

군자는 세상이 좋아하거나 싫어하는 것이 아니라 오로지 옳은 것을 따른다.

_ 공자(孔子)

17

# 지금 당장 할 수 있는 목표를 세우고
# 조금씩 앞으로 나아가라

이상을 세우고 목표를 향해 나아가라. 하지만 열정에 사로잡힌 나머지 너무 원대한 꿈을 세우는 말라.

특히 세상에 첫걸음을 내딛는 청년기에는 대부분 행복을 꿈꾸며 자신에 차 있다. 큰돈을 벌 것이다, 좋은 집에서 살 것이다, 사람들의 부러움을 살 것이다, 멋진 배우자를 만날 것이다, 평생 떵떵거리며 살 것이다 등등. 하지만 그것은 거짓과 속임수로 메워진 허황된 상상일 뿐이다. 왜

냐하면 그런 꿈은 세상 모든 사람들이 조금씩은 기대하는 욕망의 그림자를 사실인 양 받아들인 것이기 때문이다.

너무 원대한 이상과 목표는 완전한 몰락을 꿈꾸는 것과 같다. 꿈이 클수록 거기에 미치지 못하는 현실의 내 모습에 괴리를 느끼고 좌절을 맛보게 된다. 나의 능력과 한계를 알고 거기에 맞게 신중하게 목표를 정하라. 그리고 당장은 내가 할 수 있는 일에 집중하며 한 걸음씩 나아가라. 그러면 어느 순간 당신이 기대한 모습에 훨씬 앞질러 있는 나를 발견하게 될 것이다.

18

# 말을 되새김질하라

　인간의 얼굴에는 눈, 코, 입이 있다. 입은 생명을 유지
하는 데 없어서는 안 될 중요한 기관이다. 그래서 입은 치
아로 보호되어 있으며, 수염으로 가려져 있다. 그런데 그
안에 인간에게 가장 좋은 것이자 동시에 가장 나쁜 것인
혀가 들어 있다.

　혀가 입 안에 있다는 사실은 인간에게 이로운 동시에
해롭다. 이로운 점은 혀가 입속에 갇힌 덕분에 우리의 의

지대로 움직일 수 있다는 점이고, 해로운 점은 바로 그러한 이유로 정작 해야 할 말을 하지 않는 것이다. 하지만 입이 열려서 혀에게 자유가 주어지면 그때야말로 위태롭지 않도록 주의해야 한다.

혀는 뱀처럼 사악해서 때때로 내 마음과 다른 소리를 내뱉도록 만든다. 그렇게 한 번 터져 나온 말은 다시 주워 담을 수 없다. 그러니 말을 자제하는 법을 배워라. 말을 아끼는 것만으로도 현명함을 터득할 수 있다.

말을 하기 전에는 자신이 무슨 말을 하는지 먼저 헤아려야 한다. 내가 내뱉을 말을 자꾸 되새김질하며 그것이 중요한지, 혹시 상대방이나 나를 괴롭히는 것은 아닌지 깊이 생각하라. 이렇게 입과 혀는 말을 씹고 되새김질하는 데 먼저 사용하라. 쓸데없는 말을 줄이는 것만으로도 삶이 편안해진다.

# 19

# 실수하는 법을 배워라

실수에는 두 가지가 있다. 의도적으로 하는 실수와 뜻하지 않게 저지르는 실수다.

아우구스투스 황제에게 신하들이 상소문을 올렸다.

"폐하, 시칠리아의 총독은 도둑과 진배없습니다. 어떻게 생각하십니까?"

신하들이 상소문을 올리며 비난하는 대상은 황제가 총

애하는 인물이었다. 황제는 시칠리아 총독의 됨됨이를 잘 알았기에 상소문에 실린 그를 향한 비판과 신하들의 비난이 모함임을 간파했다. 하지만 황제는 그 자리에서 신하들을 타박할 수는 없었다.

생각에 잠긴 채 침묵을 지키던 황제가 허공을 바라보며 이윽고 입을 열었다.

"나도 생각하오."

황제의 이 대답 앞에서 신하들은 어리둥절한 표정을 지을 수밖에 없었다. 황제가 시칠리아 총독을 탄핵하려는 자신들의 뜻에 동조하는 것인지 아닌지 파악할 수 없는 까닭이었다. 아우구스투스 황제는 신하들을 둘러본 뒤에 그 자리를 떴다.

황제는 일부러 말실수를 했다. 자신의 진의를 파악할 수 없도록 만들기 위해 의도적으로 잘못된 문장을 쓴 것이다. 그로써 시칠리아 총독을 탄핵하려던 궁중의 고관들은 섣불리 나설 수 없게 되었다. 탄핵을 막으려는 황제에게 반발할 수도, 그렇다고 자신들의 뜻대로 총독을 물러나게 할 수도 없게 되어버린 것이다. 이런 것이 의도적으로 하는 실수다. 이처럼 의도된 실수는 자신의 이익을 추구하지 않는 범위 내에서 특정 상황이나 특정 인물과 관련된 일을 다룰 때 사안 자체를 모호하게 만듦으로써 빛을 발한다.

반면에 전혀 의도하지 않은 실수를 저지르기도 한다. 대부분의 사람은 매사에 신중하게 접근하고 행동하지만, 좋은 의도를 갖고 한 일이 다른 사람에게 상처와 손해를 입혀서 나쁜 결과를 초래하기도 한다. 하지만 실수하지 않기 위해 주저하거나 아무것도 하지 않는 것보다는 실수를 감수하면서 적극적으로 행하는 편이 차라리 낫다.

선의에서 비롯된 실수는 오히려 실수한 사람의 인간적인 면을 부각시키고는 한다. 그리고 실수한 일에 대해서 사과하고 그것을 만회하기 위해 노력하는 모습에서 전에

지혜를 흉내 내라, 지혜로워지리라

는 알 수 없었던 성품이 새롭게 드러나면서 좋은 평가를

받는 계기가 된다.

# 20

# 늙는 건 어쩔 수 없지만
# 낡지는 말라

고귀한 존재들은 대부분 일찍 죽었다. 그들은 요절한 덕에 늙고 추한 모습을 보이지 않아 그렇게 기억될 수 있었다. 하지만 드물게 천수天壽를 누리고도 고귀한 존재로 남은 이들이 있다. 그들은 자신의 나이 듦을 인정하고 새로운 사람에게 자리를 내어주었다. 젊은이들이 도움을 청하면 기꺼이 나서면서도 명예와 보상을 탐하지 않았다. 늙더라도 낡아지지는 않은 사람들의 생애는 그러했다.

지혜를 흉내 내라, 지혜로워지리라

21

# 오감을 제대로 활용하려면
# 육감을 키워라

시각, 청각, 후각, 미각, 촉각에 더하여 육감六感의 날을 세워라.

세상에는 오감을 갖고서도 그 감각을 제대로 활용하지 못하고 살아가는 사람이 많다. 눈이 있어도 명확하게 보지 못해 자신이 어디로 향하는지 모르는 사람이 있고, 귀가 있어도 제대로 듣지 못한 채 소란하고 달콤한 말에만 끌리는 사람이 있다. 코가 있어도 훌륭한 명예의 냄새와 덕의 향내를 맡지 못하고 악의 구린내에만 킁킁거리는 사람이 있다. 입이 있어도 본질을 맛보지 못한 채 자극적인 것만 찾는 사람이 있으며, 손이 있어도 정작 가치 있는 것은 등한시한 채 하찮은 것들에 만족하는 사람이 있다.

이런 사람들이 오감을 제대로 써먹지 못하는 이유는 육감이라는 지혜의 감각을 함께 사용하지 못하기 때문이다.

현명한 사람은 오감 외에 육감이 발달해 있다. 육감은 오감을 모두 합친 것보다 더욱 중요하다. 육감은 아무리 깊이 감추어진 진실이라도 발견해내는 이성적인 능력인 동시에 천 마디 말로도 설명할 수 없는 것을 단 한 순간에 간파해내는 초자연적인 감각이다. 뿐만 아니라 가보지 않은 미래에 일어날 일을 미리 감지하고 대비하도록 하는 예지豫知이기도 하다. 그러니 육감은 자연의 일부로서 태

지혜를 흉내 내라, 지혜로워지리라

어난 야생의 본성에 문명의 지식과 일상의 경험이 더해져 만들어진 그 무엇이다.

육감은 불가사의한 능력이기에 그것을 다듬을 방법을 명확하게 말할 수 있는 사람은 아무도 없다. 하지만 현자들은 한 가지 사안에 대하여 만족스러운 답을 얻을 때까지 깊이 생각하고 고민하는 가운데 전혀 생각지 않은 깨달음을 얻었으며, 그로 인해 눈이 크게 열렸다고 말하고는 한다. 이 세상에서, 지금 내 주위에서 일어나는 일들의 정체가 무엇인지 숙고하는 습관을 가지는 것이 어쩌면 육감의 날을 세우는 한 가지 방법일지도 모른다.

**1889년 그리스도의 브뤼셀 입성 [Christ's Entry Into Brussels in 1889]**
제임스 앙소르, 1888
캔버스에 유화, 252.7×430.5cm
미국 로스앤젤레스, 폴 게티 미술관

후회는 말하는 데서 오고, 지혜는 듣는 데서 온다.

_영국 속담

# 22

# 세상의 것에 휘둘리지 말고
# 의지대로 나아가라

귀가 멀고 눈먼 사람을 보고 가엾다 여기지 말라. 세상의 많은 것들에 현혹되고 휘둘리느니 차라리 그편이 낫다.

그들은 다른 사람이 휘파람을 불어도 듣지 못하고, 손가락으로 가리켜도 보지 못한다. 하지만 그들은 자기 생각에 따라 행동하고 평안하게 앞으로 나아간다. 그들은 어떤 사소한 것에도 구애받지 않고 자기가 가고자 하는 길을 가며 목적지에 도달한다. 이는 진리를 깨달으려는 사람에게 큰 교훈을 준다.

세상의 천박함을 닮지 않고, 남을 비난하지 않으며, 자기를 자랑하지 않고, 타인의 험담을 귀담아 듣지 말라. 덕과 이성을 얻으려면 귀머거리 장님처럼, 남의 말에 귀 기울이지 말고 자기 의지대로 행하라.

# 품위가 부족할수록
# 고귀하게 행동하고 품격 있게 말하라

자신을 치장하는 방법을 배워라. 많은 돈을 들여서 외모를 화려하게 꾸미라는 말이 아니다. 당신의 말과 행동이 다른 사람으로부터 인정받기 위해서는 먼저 호감을 끌어내야 한다. 그러기 위해서 단정한 옷차림과 정갈한 얼굴을 갖추어야 한다. 사람을 판단하는 기준이 겉모습이 되어서는 안 되고 당연히 타인에게서도 그런 미덕을 요구해야 하지만, 자신을 단정하고 정갈하게 가꾸는 것은 상대에 대한 예의이기 때문에 소홀해서는 안 된다.

차림새에 신경을 쓰고 상대방에게 보일 나의 얼굴에 대해서 생각하는 사람은 자연스럽게 행동거지가 조심스러울 수밖에 없다. 축제를 즐기러 가는 사람과 신을 경배하러 교회로 향하는 사람의 옷차림이 다르고 몸가짐이 다른 것을 보면 알 수 있다. 마음가짐이 차림새와 몸가짐을 좌우한다. 또한 내가 나 자신을 어떻게 꾸몄는가에 따라 행동이 달라진다. 평소에 몸가짐이 가벼운 사람이라도 점잖게 차려입고 나면 점잖게 행동하려고 노력하는 법이다.

그리고 말에 품위를 담아라. 대부분의 사람은 고매한 인격을 가진 이가 품격 있게 말한다고 생각한다. 물론 맞는 말이다. 하지만 반대 상황도 성립한다. 말에 품위를 실으면 그 사람의 인격이 말을 닮아가는 것이다.

아무리 많이 배운 사람이라도 천박하고 상스러운 말을

입에 달고 다니면 그의 인격과 품위는 천박하고 상스러운 수준으로 떨어진다. 반면에 머리에 든 것이 없고 품행이 가벼운 사람이라도 고상한 말을 쓰면 그의 인격과 품위가 고상해진다. 인격에서 말이 나오기도 하지만, 말이 인격을 만들기도 하는 것이다.

내 처지가 어떻든 고귀하게 행동하고 품격 있게 말하라. 그러면 사람들은 당신을 고귀하고 품위 있는 사람으로 기억한다. 우스갯소리로 좌중을 즐겁게 하는 사람은 당장 그 자리에서 관심을 끌 수 있지만, 정작 중요한 순간에 사람들이 가장 먼저 떠올리는 존재는 우스갯소리를 잘하는 이가 아니라 말과 행동이 무거운 사람이다.

# 24

# 인내할 때 비로소
# 정신의 위대함이 드러난다

참는 법을 배워라. 인내는 침묵처럼 유용하다. 인간의 위대한 정신은 성급하게 서두르지 않고 끓어오르는 열정을 잠재울 때 비로소 드러난다.

참고 견디며 자신을 정복하는 지혜를 터득하라. 그러면 이내 다른 것도 정복하고 지배할 수 있게 된다. 칼이 아닌 이성의 지배 아래에서 많은 것을 성취할 수 있다.

25

# 용기는
# 신중함 속에서 빛을 발한다

진정한 용기는 함부로 드러나지 않는다. 용기는 선<sup>善</sup>의
적인 악<sup>惡</sup>에 맞서 이기기 위해 자신을 쉽게 노출하지 않
기 때문이다.

악은 교활하여 섣부른 용기에게서 분별력을 빼앗아 불
구덩이에 스스로 뛰어들게 만든다. 역사와 신화 속의 수
많은 영웅들이 비극적인 결말에 이른 것은 마지막에 이르

지혜를 흉내 내라, 지혜로워지리라

러 용기를 통제하지 못한 탓이었다. 지혜가 동반하지 않는 용기는 나를 패망으로 이끌 뿐 아니라, 그 용기에 감화된 수많은 사람들의 삶마저 멸망의 길로 들어서게 만든다.

용기는 신중함 속에서 빛을 발한다. 용기는 상대를 향하기 전에 먼저 나를 이기는 행위에서 비롯된다. 용기를 낸다는 것은 철저하게 자신의 감정을 다스린 뒤에 비로소 행동하는 것이다. 때문에 진정한 용기는 패배하지 않는다.

## 26

# 대중의 생각 속에 숨어 있는
# 속임수를 발견하라

    사람이 무리를 형성하면 개별적인 인간일 때와는 전혀 다르게 행동한다. 평소에 믿지 않던 것을 믿고, 따르지 않던 생각을 따르며, 옳지 않다고 여기는 일을 하는 것이다. 이렇게 자신들의 생각에 어울리지 않는 행위를 하는 이유는 무리를 이룬 인간에게는 남들의 의견을 좇아가는 성향이 있기 때문이다. 그들은 그 어느 것도 이성적으로 판단하지 않은 채 남들이 찬양하는 것을 찬양한다. 종종 거짓에 빠져 진리를 외면하기도 한다.

　대중의 생각과 의견 속에 숨어 있는 속임수를 발견하라. 어리석은 이들이 무의식중에 좇아가는 속임수를 발견하는 것은 지혜가 하는 위대한 일이다. 지혜로운 사람은 모두가 한 방향으로 몰려갈 때 다른 길을 찾는다.

**농가의 결혼식 [The Peasant Wedding]**
피테르 브뤼헐, 1568
패널에 유화, 114×163cm
오스트리아 비엔나, 미술사 박물관

대중을 따라 하는 것은 평균으로 후퇴하겠다는 말이다.

_ 찰스 토머스 멍거(Charles Thomas Munger)

CHAPTER 3

관계가
풀려야
인생이
잘 풀린다

나를 중심에 놓는
관계 맺기의 지혜

누구나 주변에 호의적인 사람만 있기를 바라지만, 그것은 허황된 바람이다. 세상의 수십만 가지 현상에는 반드시 상반된 면이 있기 때문에 사람들은 내가 하는 행위의 옳고 그름이 아니라 각자가 처한 입장과 환경에 따라 어떤 일의 시시비비를 따지게 된다. 만약 당신이 아는 거의 모든 이가 당신을 좋은 사람으로만 평가한다면, 지금 내가 올바르게 살아가고 있는지 한번쯤 의심해볼 필요가 있다. 우리의 삶이 확장되는 것은 친구가 아니라 적을 통해서도 이루어진다. 관계의 불편함을 두려워 말라. 오히려 원만한 사람이 되는 것을 두려워하라.

# 27

# 분노하되
# 절대로 화를 내지는 말라

사악한 인간과 부당한 일 앞에서는 분노가 끓어오른다.
상식과 공감 능력을 가진 사람이라면 누구나 그렇게 할 것
이다. 하지만 분노할지언정 절대로 화를 내지는 말라.


세상에는 악한 것이 많다. 그 악한 것들을 취하거나 그
편에 설 때는 순간적이나마 이득이 찾아온다. 욕심은 돈
을 가져오고, 사치는 쾌락을 느끼게 하며, 교만은 명예

를 맛보게 하고, 게걸스러움은 맛나고 기름진 음식을 누리게 하고, 게으름은 휴식을 준다. 하지만 화는 어떤 것도 가져다주지 않는다. 오로지 상처와 충격과 멸망을 가져올 뿐이다.

남이 그르고 내가 옳다고 해서 나에게 화낼 자격이 생기는 것은 아니다. 내가 아무리 정당하고 정의로워도 화를 내는 순간, 입장이 바뀌고 만다. 화를 낸다고 해서 불의하고 부당한 사람을 응징할 수 있는 것도 아니고, 오히려 그런 작자들에게 빌미를 주고 만다. 그래서 화를 내는 것은 바보들이나 하는 짓이다. 마음의 평정을 잃지 않는 것이야말로 세상을 지혜롭게 살아가는 첫 번째 요건이다. 그릇이 큰 사람이 되어라. 화내는 것도 습관이다.

화가 치밀어 오르는 것을 억누르기 위해서는 먼저 내가 화를 내고 있다는 사실을 인지해야 한다. 그러고 나서 이

관계가 풀려야 인생이 잘 풀린다

성적으로 신중히 생각하여 노여움을 겉으로 보이지 않으려고 노력하라. 그럼에도 만약 반드시 화를 내야 한다면, 내가 화를 냄으로써 어떤 일이 벌어질지 내다보고, 어디에서 멈추어야 할지 미리 생각하라.

## 28

# 내가 진정으로 다스려야할
# 단 한 사람

삶의 진정한 주인은 남을 부리는 사람이 아니라 자신의 주인이 되는 사람이다. 사람이 이성을 갖지 못한 채 세상의 주인이 된들 무슨 소용이 있겠는가? 하지만 이 세상의 귀족들 대부분은 스스로 위대하다 여길수록 자기 자신을 모르고, 이 세상을 통치하는 사람들은 자기 자신을 다스릴 줄 모른다.

통치한다는 것은 행복이 아니라 짐이다. 그리고 자기

욕구를 통치하는 자야말로 최고의 위치에 있는 사람이다. 마음의 평화와 자유보다 귀한 것은 이 세상에 없다. 그것은 곧 자기 자신의 주인이자 왕자이자 왕이며 군주가 되는 일이다. 비록 당신이 정직한 지식과 안락한 생활, 아름다운 미덕과 명예를 얻었을지라도 진정한 통치가 무엇을 의미하는지 모른다면, 당신은 결코 불멸의 길로 들어설 수 없을 것이다.

29

# 친구
## 서너 명이면 충분하다

초대에 기꺼이 응하라. 사람들과 어울려 기분 좋은 대
화를 나누어라. 귀로는 부드럽고 달콤한 선율을 듣고, 눈
으로는 아름다운 것을 보며, 코로는 좋은 향기를 맡아라.
관계를 넓히면서 감각을 벼릴 기회를 마다하지 마라.

하지만 삶을 너무 많은 것으로 채우려 하지는 말라. 서
로 이해하고 사리를 분별할 수 있는 친구 서너 명이면 충

분하다. 그 이상이면 소란하기만 할 뿐. 진한 우정은 육체를 즐겁게 하고 정신을 고양시키면서도 영혼에 휴식을 준다.

그리고 절대로 친구를 이용하려 하지 말라. 그렇게 하면 결국 친구를 잃고, 그가 나에게 이바지할 수 있는 모든 것을 잃어버리며 대가를 치르게 된다. 그래서 예부터 바보는 친구를 이용하지만, 현자는 적을 이용한다는 말이 있는 것이다.

**집 앞의 가족 [Family in front of the House]**
조지프 킨젤, 1895
캔버스에 유화, 63×87cm
개인 소장

당신에 대해 모든 것을 알고도 여전히 곁에 있다면, 그가 바로 친구다.

_ 앨버트 허버드(Elbert Hubbard)

30

# 천박함은 시끄럽다

입을 잘 놀리는 사람 중에 좋은 사람이 드물다. 은자隱 者들과 신부神父들은 입과 혀의 무서움을 알기에 침묵을 지 킨다. 이 세상은 너무나 타락하여 정작 침묵을 지켜야 할 사람들이 입을 놀리며 천박함을 자랑한다. 의무를 게을리 하는 사람은 자기 얼굴에만 신경 쓰기 바쁘고, 도둑은 자 기가 십자가를 지겠다고 야단을 뜬다. 천박한 것들은 죄 다 시끄럽기 마련이다.

# 자신을 높이는 사람과는
# 어울리지 마라

바보는 잘난 체하고 현자는 모르는 척한다. 겁쟁이는 센 척하지만 정말 용감한 사람은 애써 용기를 끌어올리지 않는다. 가진 자는 베풀지 않는 법이고, 없는 자는 가진 것마저 헤프게 쓴다. 아름다운 사람은 치장하지 않으나, 자존감이 약한 사람은 겉모습을 꾸미기 위해 애쓴다. 고귀한 사람은 평범하게 행동하지만, 가장 비천한 사람은 하느님처럼 보이려고 한다.

# 사람은 자신에게 없는 것을
# 꾸며서 내보인다

겉만 보고 판단하지 마라.

무지한 사람이 되기는 쉽다. 하지만 사람다운 사람이 되기란 어려운 일이다. 더욱이 참된 사람이 되기는 아주 힘들다. 사람답고 참된 존재가 되기 위한 첫걸음은 겉으로 드러난 면만 보지 않는 것이다. 그 껍데기가 나중에 어떻게 되는지 확인하기 전에는 절대로 그것이 좋다, 나쁘다, 옳다, 그르다 성급히 판단하지 말라.

세상의 대부분은 겉과 속이 정반대인 경우가 많다. 그 이유는 이렇다.

속이 비어 있으면 겉을 채우려 한다. 속이 꽉 차면 굳이 겉을 꾸밀 필요가 없다. 무릇 사람은 자신에게 없는 것으로 겉을 치장하려 하는 법이다. 간사한 사람이 친절을 가장하고, 겁 많은 사람이 용감한 척하며, 탐욕이 큰 사람이 상대에게 듣기 좋은 말을 한다. 보기에 화려한 열매에 독이 있는 법이다.

## 33

# 세상이 가장 훌륭한 경전이고
# 사람이 가장 좋은 선생이다

사람들과 함께 어울려 사는 법을 배워라. 훌륭한 삶을 본받고, 그렇지 못한 삶에서 두려움을 느껴라. 그것이 세상의 지혜, 즉 분별 있는 중용中庸을 깨닫는 길이다. 지식은 책에 있으나 지혜는 사람에게 있다.

우리의 삶은 서로 반대되는 요소들로 가득하다. 하지만 여러 사람들과 대인 관계를 잘 맺으면, 그를 통해 대립적

관계가 풀려야 인생이 잘 풀린다

인 요소들이 상호작용하며 세상이 움직인다는 사실을 알
게 될 것이다. 그리고 그 모든 것들이 조화를 이루고 있음
을 깨닫게 될 것이다. 이런 조화 속에 바로 세상을 살아가
는 지혜가 숨어 있다.

수도원의 깊은 골방에서 신을 부르짖은들, 궁정의 가
장 높은 옥탑에서 온 세상을 내려다본들, 서재에 틀어박
혀 학문에 탐닉한들 함께 살아가는 법을 배우지 못한다
면, 그는 광신도가 되거나 폭군이 되거나 편협한 고집쟁
이가 될 뿐이다. 그게 아니라면 어느 누구에게도 기억되
지 않는 하찮은 티끌 같은 존재로 후회 속에 생을 마감
할 것이다.


때때로 고독에 잠기되 사람들과 거리를 두지 마라. 세
상이라는 경전은 한 사람의 생애라는 문구들로 이루어져
있다. 사람들과 더불어 조화롭게 살아가려는 노력 자체가
지혜로 향하는 가장 훌륭한 공부다.

34

# 사람의 인격은
# 어떻게 드러나는가?

그 사람의 인격을 알고 싶다면 그가 자신보다 신분이 낮거나 어린 사람을 어떻게 대하는지 보라.

지위가 낮은 사람을 함부로 대하면서 상전에게는 한없이 굽실거리고, 아랫사람들에게는 잔소리와 쓴소리를 쉬지 않다가도 윗사람이 나타나면 표정을 싹 바꾸는 그런 사람은 자신이 얼마나 천박한지 알지 못한다.

관계가 풀려야 인생이 잘 풀린다

반면에 이런 사람도 있다. 타인을 대함에 있어 위아래가 다르지 않은 그런 사람이다. 자신보다 지위가 높은 사람에게 친절한 사람이 낮은 사람에게도 친절하다면, 그는 원래 상냥한 사람이다. 지위가 낮은 사람에게 불평을 쏟아내는 사람이 높은 사람에게도 똑같이 불평한다면, 그는 심지가 곧은 사람이다.

거리의 청소부와 궁정의 관리를 똑같은 태도로 대하는 이는 친구와 동지로 삼기에 이상적인 사람이다.

**가을 경작 [Fall Plowing]**
그랜트 우드, 1931
캔버스에 오일, 76×100cm
미국 일리노이주 몰린, 디어 앤 컴퍼니 본사

다른 사람으로 하여금 당신에게 관심을 갖게 만들기보다는
당신이 먼저 다른 사람에게 관심을 가져라. 그러면 10배는 쉽게 친구를 만들 수 있다.

_ 데일 카네기(Dale Carnegie)

35

# 남자의 얼굴이
# 중요하지 않다고 말하는
# 여자의 속마음

배우자를 선택할 때 남자의 외모나 얼굴은 전혀 고려하지 않겠다고 말하는 여자를 보았다. 나는 그 말을 듣고 의아했다. 어떻게 그 사람의 얼굴을 보지 않고 그가 좋은지 어떤지 판단할 수 있단 말인가.

세상에 똑같은 사람이 없듯, 타인의 얼굴을 보는 관점도 제각각이다. 만인이 칭송하는 미남과 미녀라도 내 눈에 들지 않을 수 있고, 다른 사람이 눈여겨보지 않는 사람이 순식간에 가슴에 박히기도 한다. 그 최초의 판단과 선택을 좌우하는 것이 얼굴이고 외모다. 도대체 생판 모르는 사람의 무엇을 보고 그를 판단할 수 있는가.

많은 사람에 둘러싸여 남자의 외모를 보지 않겠다고 말하는 그 여자는 자신의 미덕을 드러내고 싶었는지 모르나, 나에게는 그녀가 입 밖에 내지 않은 목소리가 들려오는 듯했다.

'외모나 얼굴은 중요하지 않아요. 돈이 얼마나 많은지, 지위가 어느 정도인지에 관심이 있을 뿐이니까요.'

## 36

# 그 사람의 출신을 보고
# 함부로 평가하지 말라

인간은 하나하나가 다르다. 그러니 인간 본성의 비밀을 밝혔다고 이야기하는 학자들의 말을 너무 믿지는 말라.

사자는 하나만 보아도 모든 사자를 본 것 같고, 한 마리의 양만 보아도 모든 양을 본 것과 마찬가지다. 하지만 한 사람을 보았다면, 정말로 그 한 사람만을 본 것이다.

모든 호랑이가 사납고 모든 비둘기는 순하지만, 인간은

관계가 풀려야 인생이 잘 풀린다

한 명 한 명이 제각각이다. 용맹한 독수리는 용맹한 독수리를 낳지만, 위대한 인간이 위대한 아들을 낳는 것은 아니다. 위대한 인물의 선하고 공정한 성품 뒤에 가려진 인간의 나약하고 편협한 일면이 그의 자식에게 전해질 수도 있기 때문이다. 수련과 공부를 통해 획득한 인격은 똑같은 과정을 거쳐야 도달할 수 있기에 아버지의 성품이 자식에게 그대로 물려지는 것은 아니다.

신은 인간에게 각각의 얼굴을 내려주어 각자가 자신의 행동과 말을 책임지게 했다. 만약 인간이 모두 똑같은 외모를 지녔다면 누가 무슨 일을 했는지 구분할 수 없을 것이다. 그렇게 신은 선행과 악행을 행한 자가 구별되게 하였다.

어떤 사람은 괴물 같을 정도로 흉악하고, 현자처럼 보일지라도 아무런 업적이 없는가 하면, 노년에 이르고도 신중하지 못하며, 복종하지 않는 젊은이도 있고, 파렴치한 여자가 있으며, 자비심 없는 부자가 있고, 겸손하지 않은 가난뱅이도 있고, 고상하지 않은 귀족도 있다. 반대로 가장 비천한 사람 중에도 품위를 잃지 않고 분별 있게 행동하는 이가 있다.

세상에 똑같은 사람은 단 한 명도 없다. 인간 하나하나가 개별적인 세계이며 우주다. 그러니 '저런 사람은 대체로 이렇더군.'이라고 함부로 단정하지 말라. 훌륭한 가문 출신이라고 무조건 믿어서도 안 되고, 볼품없는 집안에서 자랐다고 업신여기지도 말라.

관계가 풀려야 인생이 잘 풀린다

# 이성의 화려함에
# 넘어가지 마라

이성異性의 화려한 외모에 눈길이 가는 것은 어쩔 수 없다. 특히나 청춘의 시기에는 더욱 쉽게 화려함에 이끌린다. 야생의 수컷들이 암컷의 선택을 받기 위해 가장 화려하게 꾸미지만, 그것은 종족 보존을 위한 몸짓이다. 사람은 다르다. 화려한 사람이 속까지 꽉 차 있다면 더할 나위 없지만, 내면은 텅 빈 채 겉만 치장했다면 조심하라. 오랜 시간 그 화려함의 시종과 시녀로 살아야 할 테니.

# 욕심이 많은 사람을
# 절대로 곁에 두지 마라

타인의 아픔에 전혀 공감하지 못하는 사람들이 있다. 예전에 나는 아주 끔찍한 장면을 목격한 적이 있는데, 지금도 그때를 떠올리면 마음이 어두워지고 팔뚝에 소름이 돋는다.

일터에 나간 사이 집에 불이 나 온 가족을 잃은 남자가 있었다. 잿더미가 된 집과 앙상한 재로 변해버린 아내와 아이들의 시신 앞에서 너무나 망연자실하여 그는 울음소리조차 내뱉지 못했다. 그런 남자 앞에 한 사내가 서더니 이렇게 말했다. "조합<sup>길드</sup>에서 일정 부분을 보상해줄 터이니 너무 염려 마시오." 가족과 집을 잃은 남자는 사내가 무슨 말을 하는지 알아듣지 못해 눈만 끔벅거렸다. 주위의 모든 사람이 당황하여 사내를 쳐다보았으나, 조합의 간부인 듯한 그는 마치 자신이 아주 훌륭한 일을 했다는 듯 고개를 쳐들어 주위를 둘러보고는 제 갈 길을 갔다. 이후로도 나는 비슷한 장면을 여러 번 접했다. 인간의 큰 불행이 금전으로 치유될 수 있다고 믿는 이가 세상에 많다는 사실을 떠올릴 때마다 당혹감과 분노가 밀려든다.

오래지 않아 타인의 아픔에 공감할 줄 모르는 사람들에게는 한 가지 공통점이 있음을 알게 되었다. 욕심이 크다는 사실이었다. 물질을 향한 것이든, 명예와 권력에 대한 것이든, 일과 성취에 관한 것이든, 욕심이 큰 사람은 모든 가치 판단의 잣대가 그 욕심이 지향하는 바에 쏠려 있다. 그것을 이루는 것만이 지상의 과제이기에 다른 것은 눈에 들어오지 않는다. 가령 물질에 욕심이 큰 사람은 자기보다 재산이 많은 사람은 상전으로 모시고, 자기보다 못한 사람은 하인 취급한다. 이들에게 인간관계는 오로지 수직뿐, 수평이 없다. 게다가 돈 몇 푼 쥐어주면 치유할 수 없는 아픔이란 세상에 없다고 철석같이 믿는다.

많은 사람이 젊은이에게 야망을 가지라고 조언한다. 욕심이 없는 사람은 크게 될 수 없다고도 말한다. 마치 욕심이 대단한 미덕이라도 되는 양 무책임하게 같은 소리를 되풀이하는 사람들은 자신이 세상을 병들게 하고 있다는 사실을 전혀 모른다. 그들은 욕심으로 쌓아올린 세상이 어떤 지경에 처할지 내다볼 줄 모른다.

어떤 경우라도 욕심은 옳지 못하다. '사람 욕심이 많은

관계가 풀려야 인생이 잘 풀린다

사람', '일 욕심이 많은 사람'도 마찬가지다. 물욕物慾만이 그릇된 것이 아니다. 그런 욕심은 과도한 경쟁을 유발해서 주변 사람을 경직되게 만든다. 또한 욕심이란 무릇 남에게 돌아갈 것을 내 것으로 취하는 행위이기 때문에 사람을 불손하고 고집스럽게 만든다. 그러니 욕심의 굴레에서 벗어나라. 이루고 싶은 일을 향해 노력하고 매진하는 마음과 여러 사람이 나누어야 할 것을 독식하겠다는 마음가짐은 분명 다른 것이다. 자신의 과실을 남에게 베풀지 않는 사람은 황금 수의를 입고 황금으로 만든 관에 묻힐 수는 있을지언정 황금보다 귀한 행복과 기쁨은 누리지 못한다.

텅 빈 존재만이 물 위에 떠 있을 수 있는 법. 욕심을 버리고 마음을 비워라. 그러면 그대도 기쁨과 행복의 바다 위를 떠다닐 것이다.

**눈 속의 사냥꾼 [Hunters in the Snow]**
피테르 브뤼헐, 1565
패널에 유화, 117×162cm
오스트리아 빈, 빈 미술사 박물관

대부분의 사람이 남의 일을 입에 올리지만, 실제로는 별 관심이 없다.

_ 지두 크리슈나무르티(Jiddu Krishnamurti)

# 39

# 진정한 우정은
# 나의 세계를 넓혀준다

불행한 시간과 행복의 순간을 함께한 친구가 진정한 친구다. 즐거움을 누리고 이익을 챙길 때만 같이하는 사람은 결코 평생의 친구가 될 수 없다. 즐거움과 이익이 사라지고 나면 그는 낯빛을 바꾸고 말투가 달라진다.

참된 친구는 반지와 같다. 손가락을 상하게 할 정도로 꽉 조여서도 안 되고, 빠질 정도로 헐거워서도 안 된다.

있는 듯 없는 듯 도드라지지는 않지만, 문득 옆을 보았을 때 항상 옆에 있는 그 사람이 진정한 당신의 친구다. 평소에 그리 돈독하지 못했어도 행복할 때 기쁨을 함께 나누고 싶거나 불행할 때 찾아와주기를 기다리는 얼굴이 있다면, 그는 분명 당신의 오랜 벗이다.

참된 친구를 가진 사람은 친구를 통해 세상을 이해하게 된다. 그는 친구들의 수많은 눈으로 세상을 보고 수많은 귀를 통해 소식을 듣고 수많은 손으로 일하며 수많은 발로 부지런히 돌아다닌다. 우정이란 수많은 육체 속에 깃든 내 영혼의 분신이다. 섬세하고 견고해서 강한 충격에도 잘 부서지지 않는 다이아몬드처럼 참된 우정은 어떠한 아첨이나 뇌물에도 절대 꺾이지 않는다. 그와 더불어 진정한 친구를 가진 사람은 결코 무너지지 않는다.

40

# 스스로 양심적이라고 말하는 사람과는 어울리지 말라

거의 모든 면에서 당당하게 행동하는 사람들이 있다. 그들은 자신이 법 앞에서 거리낄 것이 없고 하느님 앞에서도 한 치의 부끄러움이 없다고 말한다. 그렇게 말하는 이들 가운데 많은 사람이 거짓말쟁이이거나 사기꾼이지만, 꼭 그런 것만은 아니다. 정말로 스스로 그렇게 생각하며 꾸미지 않고 자신의 당당함을 드러내는 사람도 있다. 하지만 이런 사람 역시 옳지만은 않다.

그런 사람의 공통점은 자기중심적이라는 것이다. 그들은 모든 일과 상황을 판단하는 기준이 오로지 자기 자신이다. 자신이 법이고, 자신이 곧 하느님이다. 매사를 자신의 생각과 경험과 가치 판단에 따라 재단하기 때문에 항상 도덕적으로든, 사회적으로든, 종교적으로든 우위에 서서 가르치려고 한다. 때때로 자신이 부족하다며 겸양을 보이고는 하지만, 그가 그렇게 말하고 행동하는 것은 정말로 그렇게 생각해서가 아니라 그런 모습을 보이는 것이 좋은 인상을 준다는 사실을 알기 때문이다. "저는 아직 많이 부족합니다."라고 말하는 그에게 이렇게 답해 보라. "네, 그런 것 같군요." 그러면 그는 눈에 살기를 띨 것이다.

사기꾼이든 아니든, 스스로 양심적이라고 말하는 사람을 조심하라. 거짓이든 사실이든 그렇게 말하는 이는 다른 사람의 생각과 마음에는 관심이 없다. 세상에는 지위와 재산으로 타인 위에 군림하려는 이가 있는 한편 윤리와 신앙으로 군림하려는 이도 있다. 권위와 존경은 결코 억지로 얻을 수 있는 것이 아니다. 그것은 자신의 부족함을 알고 그것을 메우기 위해 하루하루 노력하는 사람에게 주어지는 것이다.

관계가 풀려야 인생이 잘 풀린다

41

# 사소한 행위에서
# 본심을 파악하라

사소한 행동에서 본심이 드러나기도 하는 법이다. 아니, 어쩌면 무의식적인 행위가 사람의 진심을 알아내는 통로인지도 모른다.

한 지혜로운 사람이 다른 사람에게 돈을 빌려주었다. 그런데 돈을 받은 사람은 돈을 세어보지도 않고 주머니에 넣었다. 그 모습을 본 지혜로운 사람이 말했다. "이보게, 그 돈을 잠깐 다시 줘보게나. 액수가 맞는지 확인을 하지 않았구려. 자네가 빌려달라고 한 것보다 적어 보여서 말이야."

돈을 빌리는 사람이 주머니에서 돈을 꺼내 지혜로운 사람에게 건넸다. 그러자 지혜로운 사람은 돈을 돌려받자마자 그대로 돌아섰다. 돈을 빌리려는 사람이 말했다. "왜 그대로 돌아섭니까? 돈을 빌려주셔야지요."

지혜로운 사람이 답했다. "자네는 내가 돈을 건넸을 때 세어보지도 않더군. 그건 자네에게 빌린 돈을 갚을 마음이 없기 때문일세. 이번 일은 없던 것으로 하지."

돈을 빌리려던 사람은 아무 말도 하지 못했다.


사람의 사소한 행위에서 평소의 습관과 본심이 묻어나는 법이다. 그래서 지혜로운 사람은 타인의 별것 아닌 몸짓에서 많은 것을 알아낸다. 물론 이러한 지혜는 예리한 통찰력과 풍부한 경험을 갖추어야 발휘할 수 있다.

관계가 풀려야 인생이 잘 풀린다

그 외에 내가 오감에 더해 인간이 가져야 하는 감각이라고 강조하는 육감에 기댈 수도 있다. 어떤 사람을 대할 때 그의 사소한 행위와 행동이 신경을 거슬리게 한다면 한번쯤 그 사람을 의심해볼 만하다. 전적으로 그가 나쁜 사람이 아닐지라도 나와는 맞지 않는 사람일 수도 있다. 우리의 무의식은 이성이 알아차리지 못하는 수많은 것을 미리 짐작한다.

# 42

# 악은
# 자신이 하는 일을 드러내지 않는다

무슨 일이든 은밀하게 행하는 사람을 조심하라. 악은 많은 사람이 보는 데서는 자신을 드러내지 않는다. 악은 자신이 원하는 것을 비밀리에 진행하기 때문에 모든 일이 그의 소매 밑에서 진행된다. 그래서 악의 손은 소매 밖으로 보이지 않는 법이고, 그의 태도도 알 수 없다.

옳은 일을 하고 떳떳한 작업을 수행하면서 그것이 공

개되는 것을 저어할 필요는 없다. 밀실에서 하는 일이 어떤 종류일지, 누구를 위한 일인지는 빤하다. 공공을 위한다는 구실을 내세우지만, 그곳에 모여 있는 이들의 이익을 위한 작당, 그 이상도 그 이하도 아니다. 이런 식으로 일을 처리하는 자들은 자신의 심성이 악함을 드러내는 것이니, 선하고 현명한 사람이라면 신중히 행동하되 떳떳하게 행하라.

**그랑드자트 섬의 일요일 오후 [A Sunday Afternoon on the Island of La Grande Jatte]**
조르주 쇠라, 1884
캔버스에 유화, 207×308cm
미국 시카고, 시카고 미술관

내면이 궁핍한 사람일수록 타인에게 행복해 보이려고 노력한다.

_ 아르투어 쇼펜하우어(Arthur Schopenhauer)

CHAPTER 4

삶이 깊어지면
다시
공부가 시작된다

어떻게 현재의 한계를 깨고
나라는 존재를 확장할 것인가?

요즘 들어 깊이 깨달은 것이 있다. 나이 들어서 하는 공부야말로 진짜 공부라는 사실이다. 어리고 젊은 날의 공부는 누군가로부터 평가받기 위한 것이자, 관문을 통과하고 나의 능력을 증명하기 위한 과정이었다. 나이 든 뒤에 하는 공부에는 외적인 요인이 개입하지 않는다. 오로지 나만을 위한 것이다. 그렇기에 공부를 통해 전에는 보이지 않던 것을 보게 되고, 깨닫지 못한 것을 깨닫게 된다. 삶이 깊어지는 즐거움이 찾아온다.

# 43

# 하루를 살았으면
# 하루어치의 깨달음을 얻으라

예부터 왕과 왕자들과 궁정의 귀족들은 뛰어난 역사가 나 시인 혹은 작가들보다 화가나 조각가들에게 더 많은 혜택을 베풀었다. 그 이유는 붓과 조각칼이 그들의 겉모습을 화려하게 꾸며주기 때문이다. 하지만 왕족과 귀족들이 모르는 것이 있었으니, 펜이 그들의 가치와 덕과 능력과 업적을 칭송하고 드높일 수 있다는 사실이다. 그런데 어쩌면 높은 자리에 있는 자들은 펜이 자신들의 과오를 낱

낯이 까발릴까 두려웠는지도 모른다.


펜은 사람의 내면을 조각한다. 펜을 움직이는 동안 우리의 생각이 정돈되고 마음이 다듬어진다. 하루를 살았으면 하루만큼의 삶을 기억하고 기록하라. 그러면 하루어치의 깨달음을 갖게 된다. 글을 쓰는 행위는 일상을 역사로 만들고 나를 한층 나은 사람으로 만들어준다. 그림과 조각은 캔버스와 청동이 지속될 때까지만 생명을 유지하지만, 글은 수천 년이 지나도 지워지지 않는다. 안타까운 일은, 그런 불멸을 높이 평가하는 사람은 갈수록 드물고, 당장 눈에 보이는 것만 즐기는 세태가 성행하고 있다는 점이다.


타인의 눈을 즐겁게 하기 위해 삶을 낭비하지 말라. 다른 사람을 만족시키기 위해 살아서도 안 된다. 돋보이고 싶은 욕심이 생길 때면 앞에 종이를 펼치고 펜을 들어라.

그리고 아무도 갖지 못한 나만의 시간을 기록하라. 그렇게 진정한 나와 마주하라.

# 44

# 어제를 딛고 오늘을 숨 쉬며
# 내일로 향하라

　과거가 남긴 유산과 유물을 업신여기지 말라. 우러러볼
자격을 갖춘 것을 우러러보는 것은 옳은 일이다.

　우리는 현재의 뛰어난 것들은 완벽하다고 믿으면서도
침묵을 지키는 과거의 위대한 유산은 거들떠보지 않는다.
왜 어제 경탄 받은 것을 오늘은 우습게 여기는가? 그 이유
는 어제의 것이 뛰어나지 않아서가 아니라, 우리 마음이
항상 새것에 쏠려 있기 때문이다.

현명한 사람들은 반성하고 사색하며 옛것에서 새로움을 찾아냈고, 어제와 오늘을 조화시켜 새로운 길을 열었다.

시간의 지층에 숨어 있는 지혜를 끌어올려 오늘에 적용하라. 그러면 내일은 전혀 다른 모습으로 다가올 것이다. 인생은 계획한 대로 이루어지지 않지만, 때때로 우리가 계획한 그 이상을 보여주기도 한다.

## 45

# 스물한살에
# 반드시 해야하는 것

인생에서 이십대는 삶에 주춧돌을 놓기 시작하는 중요한 시기다.

인간의 골격과 심성은 칠 년 주기로 변화한다. 질병과 철학도 칠 년 주기를 따른다.

일곱 살이 되면 이성이 들어선다. 열네 살에 이르러 사춘기가 시작된다. 스물한 살에 어진 사람이 불같은 성격으로 변할 수 있고, 못된 성질이 유순해지기도 한다. 스물여덟에 부유한 사람이 가난해질 수 있고, 신중했던 사람이 경박해질 수 있다. 이렇게 칠 년마다 인간의 조건과 성질은 변화를 맞이한다. 이 주기의 마지막은 예순셋이다. 삶의 주기인 7과 마지막 숫자인 9를 곱한 나이가 이때다. 그런 이유로 예순셋에 죽는 사람이 많다.

이십대의 초입인 스물한 살에 얻을 수 있는 것은 거의 없다. 하지만 이때를 어떻게 시작하느냐에 따라 삶이 달라진다. 배우고 익혀라. 보고 느껴라. 읽고 생각하라. 사랑하고 용서하라. 그렇게 준비하며 지혜가 내 안에 머무를 날을 기다려라. 스물한 살의 출발은 그것으로 충분하다.

## 46

# 말을 하면 생각이 흩어지지만, 글을 쓰면 생각이 모인다

읽는 법을 배웠으면 쓰는 법도 배워라.

글을 읽지 못하면 예술과 과학, 철학, 역사는 물론 인간에게 불멸의 힘을 가져다주는 명예와 명성을 쌓을 수 없다. 글을 배우는 것은 과거의 현자들이 남긴 지식을 익히는 길이며, 세상과 소통하는 가장 좋은 방법이다. 하지만 읽는 법만 알아서는 지혜에 도달할 수 없다.

삶이 깊어지면 다시 공부가 시작된다

'지배하고 싶은 자는 글을 쓰라.'라는 옛 격언이 있다.

말을 하면 생각이 흩어지지만 글을 쓰면 생각이 모여 지혜를 높인다. 글을 쓰는 동안 파편적인 생각들을 서로 연결시킬 뿐만 아니라, 부분적인 지식과 여러 분야의 생각을 결합시켜 다양함 속에서도 일관된 주장을 펼 수 있는 능력이 쌓인다.

**스케이트 타는 목사 [The Skating Minister]**
헨리 래번, 1790년경
캔버스에 유화, 76×64cm
영국 에딘버러, 스코틀랜드 국립 미술관

진실한 스승은 제자들이 자신의 영향을 받지 않도록 노력한다.

_ 에이모스 브론슨 올코트(Amos Bronson Alcott)

# 47

# 책은
# 우리의 삶을 비추는 등불이다

게으른 이가 이렇게 물었다.

"왜 공부를 해야 합니까?"

그래서 나는 다음과 같이 답했다.

"학문을 쌓으면 세상의 많은 것을 이해하게 된다네. 매일 머리를 쓰기 때문에 기억력이 감퇴하지도 않아. 또한 뜻을 세우고 그것을 실현할 의지를 갖게 되지. 그리고 무엇보다 자네의 영혼이 만족스러워할 것이네."

이집트의 피라미드 공사는 이미 끝났고, 바벨탑은 무너졌으며, 로마의 콜로세움도 퇴락했으며, 네로의 황금빛 궁정도 빛을 잃었다. 이렇듯 속세의 모든 기적이 사라져버렸다. 그럼에도 당시에 꽃을 피운, 고귀한 이들이 높이 칭송했던 글은 생명을 다하지 않고 살아 있다. 그것들이 그토록 오랫동안 생명력을 유지한 이유는 그것을 필요로 하는 사람들이 끊이지 않았기 때문이다. 시간과 공간을 건너뛰며 살아남았다는 사실만으로도 이미 그 지식의 가치는 증명된 셈이다.

끊임없이 공부하라. 지식이 없는 부자는 손가락질 당하며, 공부 없이 쌓은 재산은 오래지 않아 허망하게 사라진다. 배움은 자신에 대해 더욱 철저해지고 분명해지는 일이다. 배우지 않고서는 진정한 자기 자신의 주인이 될 수 없다. 곁에 지혜로운 사람이 없다면 글을 통해서도 얼마든지 배움을 얻을 수 있다.

과거의 현자들은 흔적 없이 모두 사라졌지만, 아직 그들은 글을 통해 살아 있다. 지금 그들은 불멸의 저서로 우리의 삶을 환하게 비추고 있다. 책을 곁에 둔다는 것은 좋은 스승을 두는 것과 마찬가지다.

삶이 깊어지면 다시 공부가 시작된다

48

# 남의 생각을 자기 것인 양
# 떠벌리는 사람을 주의하라

아는 것을 자랑하며 잘난 체하는 사람을 가까이하지 말
라. 마치 심오한 지식을 가진 것처럼 근엄한 표정을 지은
채 끊임없이 아는 것을 늘어놓는 사람은 타인을 피곤하게
만든다. 자존감이 약한 사람이 과하게 겉을 치장하고 화
려하게 꾸미는 것처럼, 그들은 지식이라는 장식으로 치장
하여 영혼의 부실함을 숨기려는 것이다. 그가 실제로 뛰
어난 권위를 지닌 학자일지라도 자신이 지닌 지식의 틀 안

으로 다른 사람의 생각을 끌어들이려 한다면, 그는 참다운 지식인이라 할 수 없다.

지식은 원래 훌륭하고 이로운 것이다. 참된 지식은 침묵 속에 차곡차곡 쌓여 새로운 앎의 세계로 우리를 이끈다. 과거의 현자들이 남긴 여러 가지 지식을 나의 것으로 받아들이고 나면 그것들은 내 안에서 서로 얽히고설켜 전혀 기대하지 못한 새로운 생각으로 다시 태어난다. 따라서 세상에 존재하는 숱한 지식은 새로운 지식의 차원을 여는 열쇠인 셈이다.

하지만 많이 안다고 잘난 체하는 대부분의 사람은 남의 생각을 앵무새처럼 되풀이한다. 권위를 누리는 타인의 글과 생각을 토씨 하나 틀리지 않고 그대로 읊으면서 그것이 마치 자신의 생각인 양 말한다. 그런 사람은 남 앞에서 떠들기 위해 지식을 익힌다. 그렇게 많은 지식을 익히고도 그러한 지식을 자신의 내면을 키우는 데 활용하지 않고 기껏 자신을 뽐내기 위해 쓴다는 사실은 그가 어리석은 사람임을 보여준다. 요란한 소리가 나는 것은 대부분 속이 비어 있는 법이다.

49

# 한쪽으로
# 치우치지 말아야 하는 이유

호라티우스BC 65~8, 고대 로마의 시인는 말했다.

"모든 사물에는 중도가 있으니, 절대 극단에 치우치지

마라."

모든 것에는 높고 낮음이 있고, 물질적인 면과 정신적

인 면이 있다. 세상 모든 것은 상반된 성질을 동시에 품

고 있기에 어느 한쪽으로 기울어지는 순간, 삶의 다른 면

삶이 깊어지면 다시 공부가 시작된다

을 보지 못하게 된다.

하지만 세상 모든 것에는 또한 중도가 있다. 올곧게 가운데를 걸으며 내 양옆으로 펼쳐진 세상을 동시에 보라. 극단으로 치우치지 않고 가운데로 걸으면 모든 것이 보이고 매사에 안전하다.

미궁을 탈출한 이카로스는 너무 높이 날다가 태양 가까이 갔다. 그래서 날개를 매단 밀랍이 녹아내려 추락했다. 성취욕은 부끄러운 것이 아니나, 과도한 탐욕은 화를 부른다.

중용과 중도는 인생을 살아가는 가장 확실하고 훌륭한 기술이다. 이성과 신중함은 세상이 어둠에 잠길 때 샛별같이 반짝반짝 빛을 발한다.

50

# 결과물을 만들어내라

무슨 일을 하든 결과물을 만들어내. 시작과 과정이 있되 끝이 없다면, 그 일에 바친 모든 시간과 노력이 허무하게 사라지는 것이다. 비록 결과물이 형편없다 하더라도 일단 완성을 하면 다음을 기약할 수 있다.

결과물은 오랜 고심을 보여주는 증거물이며, 나의 생각이 객관적으로 표현된 사물이다. 결과물로 형상화된 나의

삶이 깊어지면 다시 공부가 시작된다

생각을 한 발짝 떨어져서 바라보면, 내 생각의 어떤 부분
이 옳고 그른지 알 수 있게 된다.

또한 결과물은 나의 창의성이 어디까지 도달했는지 보
여주는 척도다. 이 세상에는 남의 것을 모방한 쓸모없는
물건들이 많다. 그런 물건들은 편한 생각에서 나온 것으
로 창의성이 없기에 인간의 재주를 부끄럽게 만든다. 내
가 품고 있는 생각들 역시 그런 흔하디흔한 것 중의 하나
가 아닌지 알기 위해서는 결과물을 확인해야 한다.

실패를 두려워 말라. 오늘의 실패가 내일의 성공을 만
든다. 실패 없는 성공은 요행에 불과하기에 진정한 성공
이라 말할 수 없다.

**겨울 [Winter]**
이반 이바노비치 시시킨, 1890
캔버스에 유화, 125.5×204cm
러시아 상트페테르부르크, 러시아 미술관

답을 찾으려 하지 말라.
중요한 것은 포기하지 않고 도전을 즐기며 애매모호함을 받아들이면
반드시 무언가 찾아온다는 점이다.

_ 마티나 호너(Martina Horner)

CHAPTER 5

# 세상의
# 일들과
# 적당한
# 거리를 두어라

고단한 주인공보다는
평온한 조연으로 살아가는 지혜

세상에는 별의별 사람이 있어서 보편적 상식에 어긋나는 일들이 자주 일어난다. 이런 일들 앞에서 취할 수 있는 행동은 세 가지다. 담 너머 불 구경하듯 신경 쓰지 않거나, 관심을 갖되 행동하지 않는 적극적 방관자가 되거나, 문제를 직접 해소하기 위해 팔을 걷고 나서는 해결사가 되는 것이다. 해결사가 되는 것은 정의로운 일이나 너무나 큰 희생을 치러야 한다. 평범한 일상과 소소한 행복을 추구하고자 한다면, 적극적 방관자와 해결사의 중간에 위치해야 한다. 문제를 해결하기 위한 연대가 형성되었을 때 힘을 보태는 조력자 역할만으로도 충분하다.

# 51

# 이기적으로
# 지혜롭게 처신하라

세상을 긍정적으로 바라보는 것이 미덕인 줄 아는 사람
은 인간의 본성이 선하다고 말하고, 그런 사람들이 모여
사는 세상이 아름다운 곳이라고 이야기한다. 하지만 솔직
하게 말해보자. 정말 그런가?

세상은 온갖 악으로 가득하다. 만약 이 세상이 악하
지 않다면 성서에서 굳이 천국을 약속하지는 않았을 것
이다.

우리가 영혼의 눈을 뜰 무렵이면 인생이 갖가지 속임수로 가득하다는 사실을 알게 된다. 안타깝게도 그런 사실을 알아차렸을 때 우리는 이미 악의 수렁에 깊이 빠져 있다. 우리의 몸은 추위와 허기, 더위와 피로, 고통과 병으로 찌들어 있다. 정신은 속임수와 박해, 질투와 경멸, 슬픔과 공포, 절망과 혼란으로 약해져간다.

신은 이 세상에 질서를 부여했지만, 인간은 세상을 혼돈에 빠뜨렸다. 신은 더 이상 손댈 필요가 없을 정도로 완벽하게 세상을 창조했지만, 불완전한 인간은 완전해지고자 하는 욕망을 이기지 못해 도달해서는 안 되는 곳에 도달하려다가 세상을 어지럽혔다. 세상의 모든 악이 우리의 죽음을 예언하는 이때, 어떻게 악의 구렁텅이에서 벗어날 수 있을까?


애석하게도 악을 물리칠 힘이 우리에게는 없다. 많은 사람이 선한 세상을 기다리지만, 결코 그들이 원하는 대

세상의 일들과 적당한 거리를 두어라

로는 되지 않을 것이다. 우리가 할 수 있는 일은 내 주변이나마 선하고 아름답게 꾸미려고 노력하는 것뿐이다. 타인에게 상처를 주지 않도록 말을 삼가고, 내가 상처를 받지 않도록 마음을 단단하게 다지는 것이 우리가 할 수 있는 최소한의 일이다.

그럼에도 악은 쉽게 물러서지 않을 것이다. 악은 일종의 전염병이어서 선한 무리가 아름답게 살아가는 모습을 내버려두지 못한다. 억압하고 파괴하는 것이 그들의 사명이다. 그 악한 사명에 맞서 싸우려면 영리하게 지혜로워야 한다.

내가 힘주어 말하는 지혜란 선하고 이타적이기만 한 지혜가 아니다. 타인을 존중하는 것과 나의 세계를 지키는 것은 결코 다른 일이 아니다. 칼을 든 강도에게 가진 것을 다 내어주는 것이 미덕은 아니듯, 동냥 그릇을 내미는 이에게 주머니의 것을 다 털어주는 것도 자선은 아니다. 옛 사람들이 선한 사람을 일러 나약한 인간이라고 평한 것도 반드시 틀린 말만은 아니다.

이기적으로 지혜로워야 한다. 타인과 공감하되 나와 내 주변을 지키는 것이 먼저다. 악은 때때로 선한 인간의 동정심을 자극하며 스며들기에 겉과 속을 알아보는 분별력을 지녀야 한다. 그 판단의 기준은 그것이 내게 이로운가, 해로운가를 따지는 것에서 출발한다.

세상의 일들과 적당한 거리를 두어라

## 52

# 세상에는
# 피하는 게 상책인 일이 많다

윗사람이 하는 일에 주제넘게 나서거나 권력자에 함부로 맞서지 마라. 누구와 상대하는지 분명히 판단하고, 지금 당장은 그가 나보다 우위에 있다는 사실을 인정하라. 또한 그의 비밀을 캐려고 하지 말고, 부득이하게 알게 되었다면 모른 척하라. 누구나 자신의 속마음을 훔쳐본 사람을 거북하게 느낀다. 마찬가지로 권력자는 자신의 가장 큰 비밀을 알고 있는 사람부터 제거하는 법이다.

## 53

# 중심을 지키며
# 주변을 살펴보라

치우침 없이 한가운데로 걸어라. 우리의 세계는 상반되는 면들로 이루어져 있지만, 서로 어울리기 힘든 것들이 조화를 이루고 있다. 나와 성향이 다른 사람이 있기 마련이고, 세상에 적이 없는 이는 아무도 없다.

인간이라는 작은 우수 속에는 서로 반대되고 다투는 것들로 가득하다. 승리가 있기에 패배가 있고, 슬픔 뒤에는 기쁨이 찾아온다. 두렵기에 용기를 내며, 행복을 기다리기에 불행을 견뎌내고, 감정을 극복하기 위해 이성에 기댄다. 어둠을 견디고 나면 날이 밝아오고, 태양이 높이 떠오른 뒤에는 저녁의 안식이 대지를 덮는다.

이렇듯 세상은 서로 다른 것들로 가득 차 있다. 하지만 서로 부딪치는 것들 속에서도 그 각각의 다양성을 즐기고 한쪽으로 치우치지 않은 채 단단한 세계를 딛고 걸어가는 사람은 결코 길을 잃지 않는다.

고장 난 물건을 고치기보다는
사람이야말로 상처로부터 회복되어야 하고
낡은 부분을 새롭게 개선해야 하며 무지함으로부터 교화되어야 한다.

_ 오드리 헵번(Audrey Hepburn)

# 54

# 불행한 세상은
# 거짓에서 시작된다

　욕심이 만연한 세상에서는 악이 칭송을 받고 덕이 박
해를 당한다. 그것이 악인 줄 알면서도 추종하고 따르는
자들은 세상이 그렇기 때문에 대세를 따를 뿐이라고 말한
다. 덕이 순교할 수밖에 없는 세상에서 하나의 진실은 침
묵을 지키고 만 개의 거짓이 미쳐 날뛴다. 거짓에 복종하
며 기꺼이 거짓에 속을 준비가 된 자들이 득세하는 세상에
서 책은 현자의 손에 있지 못하고, 청빈한 이의 신중함이

손가락질 당하며, 부자의 어리석음이 찬양을 받는다.


진실이 모습을 감추고 거짓이 **빳빳**이 고개를 든다면,
그런 세상이 온 조짐으로 알라.

55

# 탐욕에는
# 한계가 없다

세상 모든 것에 중도가 있으나, 탐욕에는 중용이 없다.

탐욕은 사촌인 쾌락과 함께 모든 인간을 악의 구렁텅이로 몰아넣는다. 탐욕은 사람을 사로잡아 교만하게 만들고, 게으르게 만든다. 탐욕은 항상 극단으로 치닫도록 하기에 중용이 있을 수 없다. 탐욕에 물든 사람은 즐거이 노래하면서 탐욕의 세계로 들어서지만, 나올 때는 항상 고통의 아우성을 내지르며 나온다.

178 세상의 일들과 적당한 거리를 두어라

# 땀 흘리는 일의 가치는
# 무엇과도 바꿀 수 없다

땀 흘리는 것을 불편해하지 말라. 작은 것이라도 무언가를 이루기 위해 몸과 마음을 쓰는 일은 그 무엇과도 바꿀 수 없는 훌륭한 경험이고, 그렇게 이룬 성취는 내면과 현실 양쪽에 귀한 자산으로 남는다. 땀 흘리는 일을 천하게 여기고, 남의 땀을 빌려 무언가를 이루고자 하는 이의 얼굴과 삶을 들여다보라. 생기라고는 없는 공허한 낯빛에 폐허 같은 인생을 살면서도 그들은 현실을 모른다.

# 노년에 이르면
# 자신이 고집해온 것들을 버려야 한다

　나이를 내세워 상석에 앉으려 하거나 대접 받으려고 하는 것만큼 볼썽사나운 짓도 없다. 흰머리는 노화의 결과일 뿐 삶의 훈장이 아니다. 지팡이는 자기 몸을 의지하기 위한 것이지, 어린 사람을 멋대로 부리기 위한 것이 아니다. 나이 먹은 것을 내세워 거드름을 피우고 잔소리를 해대면 젊은 사람들이 등을 돌리고, 세상이 자기를 대접해주지 않는다고 불평을 쏟아내는 엇비슷한 늙은이들만 주위에 득실거리게 된다. 비슷한 사람들끼리 무리를 지어 주변에 눈을 부라리고 삿대질을 해보았자 점점 더 외로워질 뿐이다.

노년에 이르러 삶이 궁핍해지고 고독해진 이들은 남을 탓하지 말라. 그들의 시간을 그렇게 만든 것은 어느 누구도 아닌 바로 그들 자신이다. 그들의 아집과 독단이 그들을 외롭게 만들었고, 분별없는 선택이 궁색하게 만들었다. 가장家長으로서 생계를 이어가는 데에만 충실했을 뿐 남편으로서, 아버지로서 자리를 지키지 못했다면 책임을 회피한 것이다.

노년에 이르러 궁색하고 외롭다면 지난날의 과오가 증명된 셈이니, 남은 시간은 다르게 살라. 자신보다 어린 사람을 자신의 세계로 끌어들이려 하지 말고, 스스로 그들의 세계로 들어가 이해하려 노력하라. 그리고 젊은이들의 미래를 위해 길을 열어주라. 그런 마음을 갖는 것만으로도 노년의 삶이 한결 가벼워질 것이다.

58

# 관공서에서는
# 절대로 화내지 말라

하급 관리들 앞에서 버럭버럭 소리를 지르며 불같이 화를 내는 사람들을 보면, 정열과 힘을 왜 저렇게 허투루 낭비하고 있는지 안타까운 마음이 든다.

하급 관리들은 위에서 내려오는 지침대로 움직인다. 지침을 따르는 것이 그들의 일이다. 만약 제도가 불합리하다면 그것은 법이 잘못된 것이지, 그들이 잘못한 것이 아니다. 그러니 당신과 함께 사는 처지에 있는 불쌍한 관리

세상의 일들과 적당한 거리를 두어라

들을 괴롭히는 것은 어리석은 일이다.

게다가 그들에게는 잘못을 시정할 아무런 권한과 능력이 없다. 상관에게 민원을 들먹이며 제도의 부당함을 이야기한들 미운 털만 박힌다. 그러니 그들에게 고래고래 소리치며 삿대질을 해보았자 해결되는 것은 아무것도 없다.

억울한 점이 있고 당신이 옳더라도 화를 삭이고 차분하게 행동하라. 괜스레 그들의 화를 돋우는 것은 언제 터질지 모를 화약을 집 안 곳곳에서 두는 것이나 마찬가지다. 당신에게 욕을 먹은 하급 관리가 나중에 높은 지위에 오른다면 당신은 그를 피해 도망 다녀야 할지도 모른다.

관공서에서는 절대로 화를 내지 마라. 겸손하고 신중하게 당신의 의견을 피력하라. 그렇게 하는 것이 그들을 이기는 길이다. 불합리한 제도로 불편함을 겪고 불이익을 당하는 이가 당신만은 아닐 테니, 언젠가 많은 이의 뜻이 모여 제도를 개선할 날이 올 것이다.

59

# 삐뚤어진 몸이
# 삐뚤어진 마음보다 낫다

욕구를 이겨내라.

이 세상은 온갖 욕구와 욕심으로 가득 차 있다. 탐욕으로 가득한 이들이 지배하는 세상은 모든 것이 거꾸로 흘러가고, 사람들은 이성을 상실한 채 감정에만 휩쓸리게 된다. 욕구의 통치 아래에서는 모두 허영에 들뜨고 불의와 손을 잡으며 고집스럽고 극단적으로 행동하면서 인상을 찌푸린다. 정신적인 괴물은 신체의 기형보다 훨씬 더

세상의 일들과 적당한 거리를 두어라

추하다.


　이성적인 인간으로 살기 위해 가장 먼저 해야 할 일은 욕구의 노예가 되지 않는 것이다. 순간의 욕구를 이겨내지 못하는 데서 모든 악이 파생하며, 욕구가 칭송받는 세상에서는 질서와 도덕이 무너지고 선함이 나약함으로 전락한다. 그런 세상에서는 결국 모두가 패배자가 될 뿐이다.

**봄이 오네 [Spring Turning]**
그랜트 우드, 1936
섬유판에 유화, 46.6×101.9cm
미국 노스캐롤라이나 윈스턴세이럼, 레이놀다 하우스 박물관

좋은 사람이 되는 것과 좋은 시민이 되는 것이 항상 같은 것은 아니다.

_ 아리스토텔레스(Aristotle)

## 60

# 진실이 반드시 당신의 입을 통해 드러나야 할 이유는 없다

거짓이 있고 진실이 있을 뿐, 거짓과 진실의 중간은 없다. 그런데도 대부분의 사람이 거짓과 진실을 교묘하게 섞어서 말한다. 그 이유는 진실만을 말하면 상대의 분노를 유발할 수 있기 때문에 거짓으로 진실의 일부를 가리려는 것이다. 물론 그런 식으로 말하는 것은 나와 상대를 기만하는 행위이지만, 거짓을 말해서 나의 입을 더럽히기 싫고 진실을 말해서 상대의 화를 돋우어 곤경에 처하지 않기 위한 영리한 처신이기도 하다.

곧이곧대로 이야기해서 위험을 자초하고 적을 만드는 사람들이 있다. 그들은 어떤 진실이 반드시 자신의 입을 통해 발설되어야 한다는 의무감에 사로잡혀 있는 듯하다. 그런 사람들은 "나의 입은 진실하고 사실만을 숨김없이 말했을 뿐인데 무엇이 문제냐?"라고 말한다. 하지만 그들이 모르는 것이 있다. 진실은 그 자체로 존재하는 것이지, 반드시 언어로 증명되어야 하는 것은 아니라는 점이다.

부자에게, 사람들이 당신을 떠받드는 것은 순전히 당신의 돈 때문이라고 말한다면 그 부자는 불같이 화를 낼 것이다. 허영이 많은 여자에게, 당신은 화려한 겉모습과 달리 내면은 추하다고 말한다면 곧바로 악마로 변할 것이다. 배움이 적은 사람에게, 당신은 무지한 편이니 수준 높은 대화에 낄 자격이 없다고 말하면 적잖이 상처를 입을 것이다. 진실만을 말하면 친척이 적이 되고 친구가 사라지며 점잖은 사람도 화를 낸다.

당신이 굳이 말하지 않아도 진실은 이미 존재한다. 진실은 어느 순간에 이르러 반드시 스스로 모습을 드러내는 법이니, 그러한 순간을 당신의 입으로 앞당기려 하지 말라. 진실이 통하지 않는 세상이라면 입 아프게 이야기한들 아무도 알아듣지 못한다. 그러니 당신이 터득한 진리를 숨기고 사람들과 함께 살아가는 방법을 익혀라. 홀로바보가 되지 말고 그들과 함께 지혜롭게 살아가라. 이것이 세상을 살아가는 또 하나의 지혜다.

61

# 신뢰가
# 가장 뛰어난 자산이다

말한 것을 실행하라. 진실이 담겨 있는 말과 그렇지 않은 말이 있다. 이 차이는 엄청나게 다른 결과를 불러온다. 그러니 실천할 수 없는 것은 절대로 말하지 말라. 말하기 전에 실행할 수 있는지 깊이 생각하라. 진실하지 못한 말을 내뱉은 대가는 온 생애에 걸쳐 갚아야 한다. 떳떳함을 잃은 사람이 신뢰를 회복하기 위해서는 많은 시간을 바쳐야 하기 때문이다.

# 62

# 여러 사람이 동시에 옳다고 믿는 것을 오히려 조심하라

한 판관이 말했다.

"목격자가 많은 사건일수록 의심스러운 법이라네."

그러고는 이렇게 덧붙였다.

"하지만 여러 사람이 한 명을 범인으로 지목하면 어쩔 수 없이 그에게 벌을 내려야 하지."

열 사람 가운데 일곱이나 여덟 명이 어떤 결정을 내리

면, 나머지 사람은 따르는 것이 묵계다. 두세 사람보다는 일고여덟 사람의 판단이 더 옳을 것이라는 믿음이 다수결의 원칙을 만들었고, 이것은 인간 세상의 오랜 전통으로 내려왔다. 하지만 위에서 언급한 판관은 목격자와 증인이 많은 사건이 더욱 의심스러운 법이라고 이야기한다. 이는 다수의 의사 결정이 어떤 식으로 이루어지는지 살펴보면 이해할 수 있다.

길거리에서 사람이 상해를 입은 사건이 벌어졌다. 무슨 일인지 궁금해하는 많은 사람이 피해자를 둘러싼다. 누가 저 사람에게 폭력을 휘둘렀는가? 그때 누군가가 한 사람을 손가락으로 가리키며 소리친다. "저 사람이 범인이다!" 모든 사람의 눈길이 한 사람에게 쏠린다. 지목당한 사람은 어리둥절한 표정을 지으며 주춤주춤 뒤로 물러난다. 그때 다시 큰 소리가 들려온다. "맞아! 저 사람이 폭력을 휘둘렀어!" 그러면 주변을 둘러싼 사람들은 마치 사건을 두 눈으로 똑똑히 목격이나 한 듯 그 사람을 몰아붙인다. "맞아, 저자야! 저자가 그랬어!" 어쩌면 지목당한 사람이 진짜 범인일 수도 있다. 하지만 아닐 수도 있다. 어쨌든 사건을 목격했거나 목격했다고 믿는 단 한 사람의 증언이 주변에 둘러선 모든 사람을 목격자로 만든 것이다.

길거리의 무지한 사람들만 이런 식으로 결정을 내리는 것은 아니다. 철학자와 고위 관리, 성직자로 이루어진 모임에서도 도무지 식자층이 한 것이라고는 믿기 어려운 어리석은 결정을 내리고는 한다. 이유는 분명하다. 아무리 뛰어난 사람이 모였다 해도 그들이 공유하고 합의할 수 있는 부분은 각자의 개성과 특출함이 아니라, 그들의 평균값이나 그 이하 수준의 평범하고 보편적인 능력뿐이기 때문이다.

다수의 사람이 모이면 옳은 결정을 내릴 것이라는 믿음

세상의 일들과 적당한 거리를 두어라

은 일종의 미신이다. 증명되지도 않았고 확인된 적도 없는 믿음이 마치 사실인 양 많은 사람의 마음을 사로잡고 있다. 하지만 인간 사회에 오랫동안 내려온 권위 있는 전통을 무너뜨릴 수 없기에 대부분의 사람은 다수의 결정을 따른다.

하지만 영리한 사람은 이때 다르게 움직인다. 다수가 어떤 결정에 따라 한 방향으로 몰려갈 때 영리한 사람은 그와는 반대로 행하여 오히려 이익을 챙긴다.

다수의 힘에 기대지 마라. 여러 사람의 의견을 청취하되, 최종적인 결정은 스스로 내려라. 우두머리 사자는 무리에 섞이지 않은 채 홀로 앞서 걸어간다.

**천둥을 부르는 구름 아래의 밀밭 [Wheat field Under Thunderclouds]**
빈센트 반 고흐, 1890
캔버스에 유화, 50,5×101,3cm
네덜란드 암스테르담, 반 고흐 미술관

사람은 원하는 것을 찾기 위해 세계를 여행하고,
집에 돌아와 그것을 발견한다.

_ 조지 무어(George Moore)

## 63

# 한쪽으로 거짓이 들려와도
# 다른 한쪽으로는 진리에 귀 기울여라

두 눈은 동시에 같은 것을 보고 확인해서 진위를 가려낸다. 하지만 귀는 수동적으로 들려오는 것을 듣기 때문에 우리 영혼을 위태롭게 할 수 있는 달콤한 말에 기울어지기 쉽다. 귀가 두 개이며 서로 이웃하지 않고 멀리 떨어져 있는 이유는, 한쪽 귀로만 듣고 다른 귀로는 듣지 않기 위해서이고, 한쪽 귀로는 이것을 들더라도 다른 쪽 귀로는 다른 것을 들으라는 뜻이다. 그래야 한쪽 귀가 거짓말을 듣더라도 다른 쪽 귀는 사실과 진리로 향할 수 있다.

거짓은 항상 진리와 사실보다 먼저 오기 때문에 귀가
두 개라야 처음 다가온 소리뿐만 아니라 두 번째, 세 번
째 소식을 들을 준비를 할 수 있다. 결국 귀가 두 개인 이
유는 인간의 하찮은 분별과 비루한 열정에 신중하게 대처
하기 위해서다.

## 64

# 진실은
# 교만과 분노를 불러오지 않는다

반드시 진실과 사실을 말해야 하는 때가 있다. 진실이 스스로 모습을 드러내기 전에, 그리고 진실이 세상의 질서를 바로잡을 기회도 없이 상황이 최악으로 치닫고 있다면 그때는 용기를 내야 한다. 하지만 진실을 밝힐 때는 자세를 낮추어야 한다. 진실은 겸손하고 온화하기 때문에 자신을 드러낼 때 결코 교만과 분노를 동반하지 않는다.

세상의 일들과 적당한 거리를 두어라

내가 어떤 진실을 쥐고 있다고 해서, 그리고 진실을 밝혀야 하는 입장에 있다고 해서 진실을 감추려 하거나 진실을 못 본 척하는 이들보다 우위에 있는 것은 아니다. 진실을 무기로 휘두르는 자는 스스로 교만함의 함정에 빠지게 된다. 타인을 공격하는 진실에는 왜곡과 과장과 아집이 섞여들기 마련이어서 거짓보다 더한 결과를 초래할지도 모른다. 진실의 목적은 어긋난 것을 바로잡는 것이지, 응징하는 것이 아니다.

65

# 비판은 사라지고 찬사만 들려온다면
# 그것은 크게 잘못되었다는 신호다

찬사를 오히려 두려워하라. 듣기 좋은 소리는 자존감을 드높이나, 그것이 지나치면 패망의 길로 들어서기 때문이다.

지속적인 찬사는 고명한 학자를 편협하게 만들고, 고결한 성직자에게 교만을 심으며, 강직한 관리를 모리배로 변신시키고, 선한 정치인을 타락으로 이끌고, 정직한 상

세상의 일들과 적당한 거리를 두어라

인商人을 사기꾼으로 만든다.

　원래 찬사는 진솔하고 강직한 사람에게는 접근하지 못한다. 그들이 찬사의 속마음을 알고, 찬사가 주는 거짓된 달콤함과 망상을 혐오하기 때문이다. 때문에 진리를 갈구하는 사람은 찬사를 달갑게 여기지 않으며, 진실한 언어를 찾는다.

　언젠가부터 비판하거나 충고하는 소리는 들려오지 않고 칭찬과 찬사만이 주변을 채운다면 무언가 크게 잘못되었다는 신호이니, 그때는 내 삶을 신중하게 들여다보라. 온갖 감언이설로 진실을 보지 못하게 하는 아첨꾼들은 인생을 좀먹고 결국에는 무너뜨리는 벌레와도 같다. 만약 찬사가 당신의 귀를 유혹한다면 이렇게 말하라.
　"나는 성숙한 사람이다. 그런 찬사는 필요 없다!"

## 66

# 침묵으로
# 악의에 동조하지 말라

침묵을 지키는 것이 항상 신중함과 공정함을 의미하는 것은 아니다. 판관이 침묵을 지킨 채 정의를 구현하지 않고, 부모가 침묵을 지키며 자식의 잘못을 나무라지 않으며, 사제가 악을 꾸짖지 않는 것은 분명한 잘못이다. 정작 나서야 하고 말해야 할 때 신중한 입장을 내세우며 침묵하는 자를 나는 세상의 악에 동조하는 자라고 감히 말한다.

세상의 일들과 적당한 거리를 두어라

옮긴이의 말

# 첨예한 현실과
# 개인의 일상으로 눈길을 돌린 철학자

\*

발타사르 그라시안은 스페인이 자랑하는 소설가이자 사상가이며 에세이스트다. 하지만 그라시안을 불후의 스승으로 모신 독일의 아르투어 쇼펜하우어가 위대한 철학자로 추앙받는 것과 달리 정작 그의 정신적 지주는 철학자로 불리지는 않는다. 그 이유는 그라시안의 글 중에서 철학적 내용을 담은 것도 있지만, 철학이라는 범주에 담을 수 없는 우리 일상사에 관한 쉽고 친숙한 글이 더 많

205

기 때문이다.

흔히 그라시안의 저작들은 인생에서 승리하기 위한 처세와 일상의 지혜를 안내하는 글로 읽힌다. 이 책에도 그런 내용을 담은 글이 간혹 포함되어 있다. 하지만 대부분은 성숙한 이성을 바탕으로 현실을 어떻게 헤쳐 나갈지 탐색하는 심오한 사색을 담은 글로 구성되어 있다. 이 책은 무지하게 태어난 인간이 교육을 통해 무지의 상태에서 벗어날 수 있으며, 지식과 경험, 통찰의 과정을 거치면서 지혜로워지고, 선과 미덕을 베풀면서 보다 풍요로운 삶을 누리게 된다는 내용으로 요약할 수 있다. 그럼에도 뜬구름 잡는 식의 도덕률을 내세우기보다는 누구나 살아가면서 겪게 되는 일상의 사건과 맞물린 적절한 조언을 펼치는 것이 큰 장점이다.

그라시안은 상징과 비유를 통해 삶의 주제와 관련한 각각의 예를 들면서 세상을 살아가는 데 필요한 인간의 도덕과 이성에 대해서 이야기한다. 대체로 이야기에 동원된 상징과 비유는 선과 악이라는 상반된 성격을 띤다. 특히 행복을 추구하는 야만인과 합리주의자를 대비하면서, 감정과 이성, 즉흥적인 반응과 깊은 사색, 열정과 의지를 대척점에 놓고서 이성과 사색, 개인의 의지를 찬양한다. 이렇게 합리주의자와 야만인이라는 축을 중심으로 현명함과 신중함 그리고 지혜의 성격을 구체화한다. 물론 여기서 말하는 합리주의자와 야만인은 학벌이나 사회적 지위와는 무관하다. 높은 학식과 사회적 지위를 누리면서도 야만인일 수 있고, 배움이 없으나 합리주의자일 수 있는 것이다.

그라시안은 합리주의로 대표되는 이성과 개인의 의지에 따라 행동하는 것만이 악에 물든 인간을 구원할 수 있는 유일한 길이라고 주장한다. 쇼펜하우어는 그라시안의 이러한 생각에 영향을 받아 인간의 의지를 힘주어 외치면서 철학적으로 이론화했다.

이 책에 실린 그라시안의 글들은 그때그때 떠오르는 간계에 숨은 위험을 간파하여 우리의 순간적 즉흥성 혹은 비이성적 열정을 극복하라고 이른다. 사람을 사람답게 만들고, 선과 미덕이 무엇인지 알려주며, 영원한 명예를 얻을 수 있는 행동을 보여줌으로써 물질세계에 함몰해 있는 우리의 영혼과 삶을 되돌아보게 한다.

\* \*

새롭게 소개하는 그라시안의 이 책에는 수사학에 바탕을 둔 아포리즘이 꽤 포함되어 있다. 흔히 수사학은 간단하고 명료한 말을 복잡하게 치장하는 기교로 여겨져 거부감을 일으키기도 한다. 하지만 그라시안의 수사학은 겉모습만 그럴듯하게 꾸민 화장술이 아니다. 그가 사용하는 수사학은 중세와 근대를 거치며 변질된 수사학이 아니라, 그리스·로마 시대에 사용했던 초기의 수사학이다. 이 당시 수사학은 자기가 원하는 바를 관철하기 위한 기술이었

첨예한 현실과 개인의 일상으로 눈길을 돌린 철학자

다. 다시 말해, 말하는 사람의 명분이 정당하다는 것을 듣는 이에게 설득하는 방법이었다.

효과적으로 설득하기 위해서는 말의 속성을 잘 알아야만 한다. 아리스토텔레스 시대의 수사학은 다섯 범주로 나누어진다. 첫 번째는 인벤티오(invention)인데, 이것은 말하려는 주제와 줄거리를 설정하고, 말할 장소와 어떤 설득 기법을 쓸 것인지 정하는 것이다. 두 번째는 디스포시티오(dispositio), 말을 어떤 식으로 배치할 것인지의 문제다. 세 번째는 엘로쿠티오(elocutio)로, 문장에 단어를 어떻게 배열하고 어떤 단어를 선택할 것인가를 정하는 것이다. 네 번째는 프로눈시아티오(pronuntiatio)인데, 이것은 말을 어떤 식으로 할 것인가를 다룬다. 그리고 마지막은 메모리아(memoria), 즉 말할 내용을 기억하는 것이다.

그러나 세월이 흐르면서 수사학은 본래의 실용적인 목적을 잃어버렸다. 설득하기 위한 방법이 아니라, 단지 아름다운 문장을 작성하는 기법으로 전락했고, 따라서 주로 문학 작품에 사용되었다. 요즘 들어서는 논리적인 구성이나 대화술 혹은 창의성이나 비판적 사고가 강조되고 있다. 그러나 어떻게 논리적인 글을 쓰는지 설명하는 책이나 대화술을 강조하는 책에서도 앞서 나열한 원칙은 무시된 채 생각이 깊지 않고 신중하지도 않은 요령이나 기술만 강조한다.

그라시안의 말처럼, 기초가 없는 지혜는 빈곤하며 다양하지 못하다. 튼튼한 기초와 현명한 지혜가 있어야 모든 창의성이 발휘되며, 가변적인 상황에 적절하게 대처할 수 있다. 그라시안은 지혜야말로 모든 유려한 말의 영혼이며 소금이라고 말하면서, 그런 지혜는 언어의 본질이자 결실인 수사학을 사용해 설득력 있게 글을 쓰거나 말하면서 구현된다는 것을 구체적으로 보여준다.

첨예한 현실과 개인의 일상으로 눈길을 돌린 철학자

＊＊＊

이 책『지혜의 쓸모 : 초역 발타사르 그라시안의 마지막 인생 수업』은 살아가면서 맞닥뜨리는 문제들에 적절히 대처할 다양한 지혜를 보여준다. 구체적인 예를 들어 지혜의 법칙을 설명하고, 시간의 간극을 뛰어넘어 현대 사회가 요구하는 여러 면을 두루 살펴보면서 독자들이 쉽고도 분명하게 지혜를 익힐 수 있도록 돕는다.

그라시안은 영혼 없이 말로만 치장된 아름다움을 경멸했고, 그것을 썩은 낙엽과 같다고 여겼다. 그는 지식을 기초로 상황에 적절하게 대처하며 지혜롭게 얻은 달콤한 결실만을 높이 평가한다. 하지만 그라시안의 지혜를 하나의 용어나 어떤 성향으로 규정하기는 힘들다. 그 자신도 밝히듯이, 각 상황에 맞는 지혜를 발휘해야 단일성의 한계를 극복하고 다양성을 가질 수 있기 때문이다. 그러나 그가 보여주는 모든 구체적인 예들은 지혜의 측면에서 검토되고 있다고 말할 수 있다.

이 책에 수록된 글은 『비평가 혹은 삶의 지혜(El critión o agudeza para vivir)』와 『지혜와 창의적 기술(Agudeza y arte de ingenio)』을 비롯한 그라시안의 여러 저작에서 특별히 마음에 와닿은 글을 중심으로 선정하여 번역했다. 또한 유사한 내용이나 주제를 다룬 글은 여러 편을 한 편의 글로 종합하여 압축했음을 밝힌다.

송병선

첨예한 현실과 개인의 일상으로 눈길을 돌린 철학자